LA GRANDE ENCYCLOPÉDIE JUNIOR

VOLUME 3
de **Cook, James** à **Fusible**

FRANCE-LOISIRS

123, bd de Grenelle - Paris

LES SYMBOLES THÉMATIQUES

Chaque mot traité dans cette encyclopédie est accompagné d'un symbole placé à sa droite. Ce symbole a pour fonction de signaler immédiatement au lecteur le domaine de connaissance auquel appartient le mot — s'il s'agit d'histoire, de science, d'astronomie, d'animaux, etc. Nous avons utilisé 16 symboles très simples.

 LES PLANTES ET LA NOURRITURE
Toute la vie végétale depuis les plantes microscopiques jusqu'aux arbres géants.

 LES ARTS
Le dessin, la peinture, la sculpture, la danse, la musique, le théâtre, la télévision, le cinéma.

 LES PEUPLES ET LES GOUVERNEMENTS
La présentation des peuples et les différentes formes de gouvernement, l'économie.

 LA LANGUE ET LA LITTÉRATURE
Les éléments qui constituent une langue et les biographies des plus grands écrivains et philosophes.

 LES SPORTS ET LES LOISIRS
Les principaux sports de compétition et les jeux de société les plus pratiqués.

 L'ASTRONOMIE ET L'ESPACE
L'univers, les galaxies, les planètes, la conquête spatiale.

 LES SCIENCES
Les grands principes des sciences, la maîtrise des sources d'énergie.

 LES RELIGIONS ET LA MYTHOLOGIE
Les plus importantes des religions antiques et modernes et leurs prophètes.

 LES ANIMAUX
La description et la vie de toutes les grandes espèces animales, de l'abeille à l'éléphant.

 LES TECHNIQUES
Des machines les plus simples jusqu'aux moteurs à réaction ainsi que la biographie des grands inventeurs.

 LES MOYENS DE TRANSPORT
Les différents véhicules, des voitures aux avions, des bateaux aux chemins de fer.

 LE CORPS HUMAIN
Les organes du corps humain et leurs maladies.

 L'ARCHITECTURE
Les grands monuments de l'histoire architecturale, les grandes réalisations.

 LA TERRE
L'évolution de notre planète, les ressources naturelles, les océans, les continents, la météorologie…

 L'HISTOIRE
Les grands événements et les grands personnages de l'histoire mondiale.

 LES PAYS
Les principales données historiques et géographiques pour tous les pays et les principales villes.

Cook, James

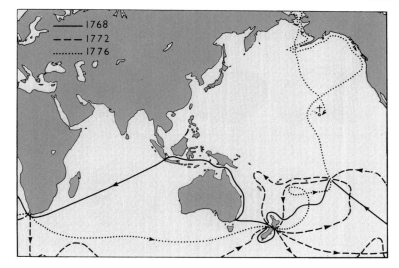

◄ *Les trois routes suivies par le capitaine Cook lors de ses voyages. Pour son premier voyage, en 1768, il commandait l'« Endeavour » avec un équipage de 80 personnes et 3 scientifiques à bord.*

James Cook (1728-1779) était un célèbre capitaine et explorateur anglais. Ses expéditions le conduisirent autour du monde et en particulier dans l'océan Pacifique. Il découvrit l'Australie, la Nouvelle-Zélande et de nombreuses îles du Pacifique Sud qui devinrent des colonies britanniques.

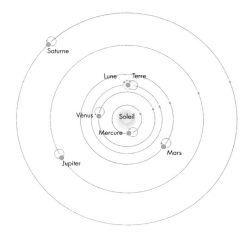

▲ *Copernic prouva que la théorie de l'univers centré autour de la Terre proposée par Ptolémée ne se vérifiait pas d'après les mouvements des planètes. Il montra que les planètes tournent autour du Soleil.*

Copernic, Nicolas

Nicolas Copernic (1473-1543) était un scientifique polonais. On l'appelle parfois le père de l'astronomie moderne. Copernic démontra que la Terre n'était pas le centre de l'univers, comme les gens le croyaient alors. Il prouva aussi que la Terre et les autres planètes tournent autour du Soleil.

▼ *Les coquilles Saint-Jacques se déplacent en ouvrant leur coquille, puis en la fermant très vite. Elles sont propulsées par le jet de l'eau qu'elles rejettent en faisant claquer leur coquille.*

Coquillage

Un coquillage est un mollusque qui vit dans une coquille. La plupart des animaux dotés d'une coquille sont des animaux marins, comme les mollusques. Certains animaux terrestres, comme les escargots, possèdent également une coquille protectrice mais ce ne sont pas des coquillages.
Les coquillages sont généralement durs et il en existe de toutes les couleurs et de toutes les formes. Beaucoup de coquillages, comme les huîtres ou les moules, sont comestibles. Les coquillages sont, et depuis longtemps, un élément

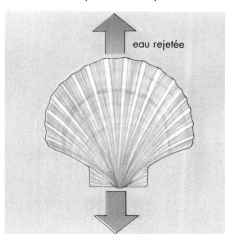

eau rejetée

Corail

COMMENT SE FORME UN ATOLL CORALLIEN

Le corail pousse dans les eaux chaudes qui entourent les îles; cette illustration nous montre une île formée par l'activité volcanique.

Le corail continue à se développer sur les récifs, tandis que l'île s'enfonce ou que la mer monte.

Une fois que l'île a complètement disparu, il reste le récif de corail qui forme alors un atoll.

de notre alimentation : on les appelle les «fruits de mer». On a retrouvé des traces laissées par des populations préhistoriques constituées uniquement de tas de coquillages.

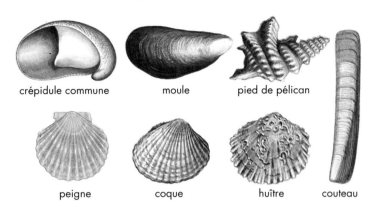

crépidule commune   moule   pied de pélican

peigne   coque   huître   couteau

Corail

Le corail est une sorte de calcaire que l'on trouve surtout dans les mers chaudes et peu profondes. Il est fabriqué par de minuscules animaux appelés polypes de corail, qui construisent des coquilles de calcaire autour d'eux pour se protéger. La plupart vivent en groupes ou en colonies. Ils peuvent prendre différentes formes, comme celle d'un éventail. Certaines de ces colonies gigantesques érigent de véritables récifs. Les vagues rejettent des bouts de corail et du sable qui vont s'entasser graduellement par-dessus le récif. Le récif émerge alors et peut former un atoll. Un atoll est un récif en forme d'anneau qui encercle un lagon.

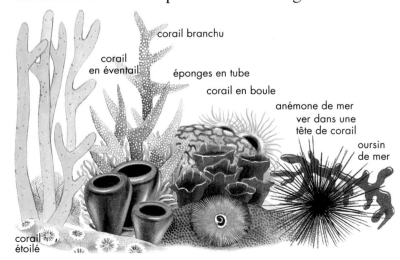

corail branchu

corail en éventail

éponges en tube

corail en boule

anémone de mer

ver dans une tête de corail

oursin de mer

corail étoilé

▶ *Les récifs de corail offrent un abri pour beaucoup d'animaux marins qui se glissent dans les fissures ou creusent la roche tendre du corail.*

Coran

Le Coran est le livre sacré de l'ISLAM. Il contient les enseignements du prophète Mahomet. Le Coran est formé de 114 chapitres (ou sourates) et a été écrit en arabe. Il enseigne aux musulmans qu'il n'existe qu'un seul Dieu dont les prophètes (messagers) ont été Abraham, Jésus et Mahomet.

Corée

La Corée est une péninsule d'Asie qui s'avance depuis la Chine jusque dans la mer du Japon. La Corée a été divisée en deux États en 1945 : la Corée du Nord et la Corée du Sud. Une guerre a opposé les deux pays de 1950 à 1953. Les forces soviétiques et chinoises soutenaient le Nord et les Nations unies (surtout les Américains) soutenaient le Sud. Les ressources traditionnelles sont le riz et la soie. Mais la Corée du Sud connaît actuellement un fort développement industriel.

Corne

La corne est une substance dure produite par la PEAU. Les cornes des animaux peuvent être creuses (les bovins), mais certains mammifères développent des excroissances osseuses recouvertes d'une couche de corne fixées sur le crâne. Les moutons, les chèvres et la plupart des antilopes ont des cornes recourbées.

narkhor

mouton mérinos

Corneille, Pierre

Corneille (1606-1684) était un auteur de théâtre dramatique français. Dans ses tragédies, comme *le Cid* ou *Horace,* il décrivait les qualités (courage, sens de l'honneur) dont les hommes doivent faire preuve pour être de véritables héros.

CORÉE DU NORD

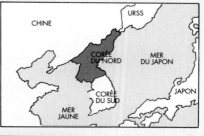

Régime : démocratie populaire
Capitale : Pyongyang
Superficie : 121 000 km^2
Population : 21 900 000
Langue : coréen
Monnaie : won

CORÉE DU SUD

Régime : république
Capitale : Séoul
Superficie : 99 000 km^2
Population : 42 600 000
Langue : coréen
Monnaie : won

Corps humain

Le corps est une merveilleuse machine qui comprend de nombreuses parties. Chacune de ces parties est constituée de millions de cellules et joue un rôle particulier. Les cellules se groupent pour former un tissu. Les cellules qui nous permettent, par exemple, de soulever des objets forment le tissu musculaire. Tout organe est constitué de plusieurs tissus, aux qualités et aux fonctions particulières. Ainsi, le CŒUR est chargé de régler la circulation du sang. Les organes qui fonctionnent ensemble for-

▼ Le corps humain fonctionne grâce à une série de systèmes intimement liés et en activité permanente.

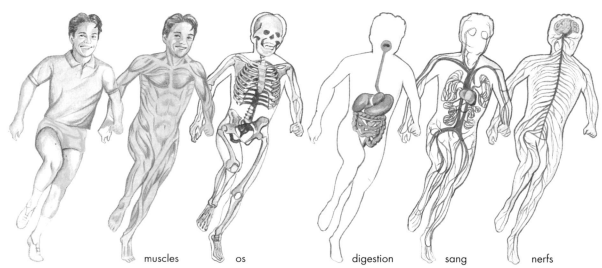

muscles os digestion sang nerfs

ment des systèmes. Il y a le système digestif (bouche, estomac et intestins), le système circulatoire (cœur, artères et veines), le système nerveux (CERVEAU, moelle épinière et nerfs) et le système respiratoire (POUMONS). L'étude du corps s'appelle l'anatomie.

Cortés, Hernán

Hernán Cortés (1485-1547) était un soldat espagnol et un explorateur. Il débarqua sur les côtes du Mexique en 1519 et conquit le grand empire aztèque avec seulement 600 hommes armés. Les Aztèques n'avaient jamais vu de chevaux ou de fusils; ils prirent donc Cortés pour un dieu. Celui-ci se dirigea alors vers leur capitale et, à la vue des immenses richesses du pays, décida de capturer l'empereur Moctezuma. En 1521, il avait pris le contrôle du Mexique tout entier.

▼ Cortés fonda la ville de Veracruz, sur la côte du Mexique. Là, il démonta ses navires pour ôter à son équipage tout espoir de retour et partit explorer le pays.

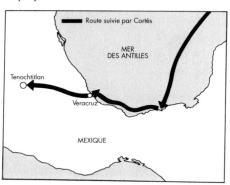

Route suivie par Cortés

MER
DES ANTILLES

Tenochtitlan

Veracruz

MEXIQUE

Costa Rica

Le Costa Rica est un pays d'Amérique centrale situé entre le Nicaragua et le Panama. C'est un pays surtout agricole qui produit du café, des bananes, du sucre et du coton. Colonie espagnole de 1530 à 1821, le Costa Rica est devenu une république indépendante en 1848.

Côte-d'Ivoire

La Côte-d'Ivoire est une république d'Afrique de l'Ouest. Elle se place parmi les pays les plus riches d'Afrique. Le pays produit principalement du cacao, des ananas, du café et du bois. Ancienne colonie française, la Côte-d'Ivoire a obtenu son indépendance en 1960.

Coton

Le coton provient du cotonnier, une plante qui pousse dans les régions tropicales. Il a des fruits verts appelés capsules qui s'ouvrent lorsqu'elles sont mûres. À l'intérieur, on trouve des fibres blanches et des graines. Les fibres sont transformées en fil pour la confection de tissu et les graines servent à fabriquer de l'huile ou à nourrir le bétail.

COSTA RICA

Régime : république
Capitale : San José
Superficie : 50 700 km²
Population : 2 700 000
Langue : espagnol
Monnaie : colon

CÔTE-D'IVOIRE

Régime : république
Capitale : Yamoussoukro
Superficie : 323 000 km²
Population : 10 000 000
Langue : français
Monnaie : franc CFA

◀ *Avec les fibres du cotonnier on fabrique du fil de coton qui permet de confectionner des vêtements. L'huile contenue dans les graines est utilisée dans les savons et les produits de maquillage. La cellulose de la graine sert à fabriquer du papier.*

Coucou

Les coucous ont des mœurs différentes selon les espèces. Mais très peu d'entre eux pondent leurs œufs dans le nid d'autres oiseaux comme le font les coucous européens. Les coucous américains, par exemple, sont des oiseaux timides qui construisent leur nid et s'occupent de leurs petits.

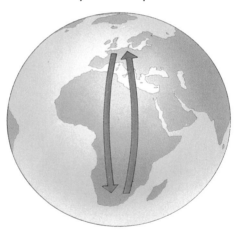

▼ Les coucous d'Europe du Nord s'envolent pour l'Afrique en hiver.

▶ Ce jeune coucou est déjà beaucoup plus gros que son père adoptif, un pouillot.

Coucou

La plupart des coucous sont des oiseaux migrateurs vivant dans les régions chaudes. Le coucou européen est un oiseau d'environ 30 cm de long dont le chant ressemble à son nom. Les coucous européens ne font pas de nid : ils pondent leurs œufs dans le nid d'autres oiseaux ! On dit que ce sont des oiseaux parasites. Lorsque les oiseaux quittent leur nid pour chercher de la nourriture, la femelle coucou fait tomber un de leurs œufs avec son bec. Elle pond son œuf et quand les autres oiseaux reviennent, ils ne remarquent pas la différence. Deux semaines plus tard, le jeune coucou sort de sa coquille. Il pousse les autres œufs hors du nid. Les parents adoptifs le nourrissent alors, bien que le coucou devienne rapidement plus grand qu'eux.

Couleur

La couleur est une caractéristique des sensations lumineuses. La lumière du Soleil produit à travers un prisme toutes les couleurs de l'ARC-EN-CIEL (rouge, orangé, jaune, vert, bleu, indigo et violet). La lumière blanche ordinaire est en fait constituée de plusieurs couleurs. On classe les couleurs selon leur ton suivant neuf familles qui vont du brun au pourpre. Trois couleurs suffisent pour reproduire toutes les couleurs visibles : le rouge, le bleu et le jaune, dites couleurs primaires. Le noir n'est pas une couleur, c'est au contraire l'absence de couleur.

Courant électrique

Le courant électrique désigne le mouvement de l'électricité. Il est produit par les générateurs des CENTRALES ÉLECTRIQUES. À la sortie d'une centrale, la tension est augmentée par des transformateurs : le transport de l'électricité est réalisé dans des lignes haute tension. La tension est réduite par d'autres transformateurs, près des lieux d'utilisation, pour que le courant puisse être utilisé dans les maisons et les usines. Le courant passe par les prises installées dans les murs des maisons. Il retourne ensuite à la centrale électrique par un autre réseau de câbles.

Cowboy

Les cowboys sont ces hommes de l'Ouest américain qui montent à cheval et rassemblent les vaches. Mais l'époque héroïque des cowboys est terminée. Elle n'a duré que 40 ans, entre 1860 et 1900. À cette époque, dans les grandes plaines des États-Unis, les cowboys étaient chargés de conduire les troupeaux de bétail jusqu'aux pâturages ou vers les lieux d'abattage comme Chicago. La vie d'un cowboy était simple et rude. Il partait pendant plusieurs mois et ne possédait parfois rien d'autre que son cheval, sa selle et une couverture. Leur histoire est devenue célèbre grâce aux westerns, ces films souvent violents qui racontent leur existence.

Crabe

Le crabe est un CRUSTACÉ qui possède une carapace épaisse et plus ou moins dure pour protéger son corps mou. Cette carapace est en fait un squelette externe. Les crabes sont dotés de longues pattes qui leur permettent de marcher sous l'eau et parfois de s'enfouir dans le sable. Leur première paire de pattes se termine en forme de pinces qu'ils utilisent pour capturer leurs proies.

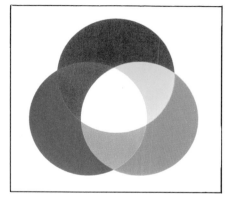

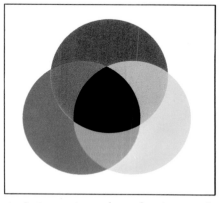

▲ 1. Les trois couleurs fondamentales sont projetées sur un écran : par addition on a du blanc au centre (synthèse additive).
2. On observe par transparence la lumière transmise par des filtres de couleurs complémentaires aux couleurs primaires (synthèse soustractive) : au centre, on observe le noir (absence de couleur).

L'unité de mesure de l'intensité du courant électrique est l'ampère. L'intensité du courant qui passe dans un nerf pour nous faire lever un bras est d'environ un cent millième d'ampère. Dans une ampoule électrique de 200 watts, elle est d'environ 1 ampère. Dans un éclair, elle peut atteindre 20 000 ampères.

EXPÉRIENCE

Tu peux fabriquer toi-même des cristaux en utilisant des minéraux tels que le sel. Verse de l'eau chaude dans un bol. Dissous le plus de sel possible en remuant sans arrêt. Laisse la solution refroidir. Fais tremper un fil dans la solution et des cristaux se formeront à son extrémité.

DIFFÉRENTES FORMES DE CRISTAUX

hexagonal

orthorhombique

tétragonal

triclinique

▼ En haut, un crocodile.
Au centre, un alligator.
En bas, un gavial.

Craie

La craie est une variété de calcaire blanc friable. Cette roche s'est formée il y a plus de 65 millions d'années. Elle est constituée de coquillages écrasés qui se sont entassés dans des mers alors chaudes et peu profondes. Les mouvements de la Terre ont ensuite lentement poussé ces couches de coquillages hors de l'eau. La craie, mélangée à d'autres produits, est utilisée pour fabriquer de la peinture, des médicaments, du caoutchouc, du papier, de l'encre et du dentifrice.

Cristaux

Si tu observes un morceau de sucre à travers une loupe, tu constateras qu'il est composé de milliers de minuscules morceaux vitreux aux côtés plats. Ce sont des cristaux de sucre. La neige est également composée de minuscules cristaux d'eau gelée. Tous les cristaux ont un même aspect : ils sont lisses, avec des faces plates qui se réunissent pour former des angles tranchants. Mais ils prennent des formes variées. Leur forme dépend de la disposition des ions qui les composent. Les ions s'organisent en effet de façon régulière selon un motif symétrique. Le cristal de sel, par exemple, est constitué d'ions de sodium et de chlore qui s'organisent en forme de cube.

Crocodile et alligator

Le crocodile et l'alligator sont de grands reptiles qui peuvent vivre dans l'eau et sur terre. Ils possèdent des pattes en partie palmées et une queue plate qui leur sert de nageoire. Les crocodiles sont maladroits sur la terre ferme, mais dans l'eau ils se déplacent rapidement et silencieusement.

Croisades

Les croisades désignent les guerres qui opposèrent les chrétiens et les musulmans en Palestine, au Moyen Âge. En 1087, les Turcs musulmans prirent la ville de Jérusalem et interdirent alors aux chrétiens de visiter les lieux saints de Palestine. Quelques années plus tard, l'empereur byzantin à CONSTANTINOPLE demanda au pape de l'aider à repousser les Turcs hors de Palestine. Le pape déclara qu'il pardonnerait les péchés de ceux qui iraient se battre en Terre sainte. Les armées de la première croisade ainsi lancée reprirent Jérusalem aux musulmans en 1099. Les croisés établirent des royaumes chrétiens en Palestine et en Syrie. Mais les sept croisades suivantes furent, pour la plupart, des échecs. Les croisés avaient oublié qu'ils se battaient au nom de la religion et beaucoup partirent en Palestine dans le seul espoir de faire fortune. Finalement, les musulmans reprirent Saint-Jean-d'Acre, la dernière place forte chrétienne, en 1291. Les croisades ont cependant permis aux Européens de mieux connaître l'Orient (Byzance et les califats musulmans). En côtoyant les Arabes, ils apprirent la médecine, les mathématiques et l'astronomie. De plus, le commerce se développa entre les deux côtés de la Méditerranée.

Croix-Rouge

La Croix-Rouge est une organisation internationale qui aide l'ensemble des victimes de la guerre ou de la faim, ainsi que de nombreux malades à travers le monde entier. Elle a été fondée en 1859 par le Genevois Henri Dunant. Son siège se trouve à Genève, en Suisse, mais elle existe aujourd'hui dans plus de 70 pays. Son symbole est une croix rouge sur un drapeau blanc.

Crustacés

Les crustacés forment un groupe constitué d'environ 35 000 espèces d'animaux. Ce groupe comprend aussi bien les cloportes, les puces d'eau que les écrevisses, les crevettes et les crabes. La plupart de ces INVERTÉBRÉS (animaux sans colonne vertébrale) vivent dans la mer. Ils possèdent généralement une carapace articulée autour de leur corps mou. De nombreux crustacés sont dotés d'une paire de pinces à l'extrémité de leurs pattes avant. Ils les utilisent pour se défendre ou pour

---

CROISADES

Première croisade (1095-1099) Elle aboutit à la prise de Jérusalem.

Deuxième croisade (1147-1149) Menée par Louis VII de France et Conrad III d'Allemagne, elle échoua.

Troisième croisade (1189-1192) Menée par Philippe-Auguste de France et Richard d'Angleterre, elle ne réussit pas à reprendre Jérusalem.

Quatrième croisade (1202-1204) Elle se termina par le pillage de Constantinople.

Croisade des enfants (1212) Des milliers d'enfants moururent ou furent envoyés en esclavage.

Cinquième croisade (1215-1221) Échec du roi de Hongrie.

Sixième croisade (1228-1229) Menée par l'empereur Frédéric II, elle reprit Jérusalem après des négociations, mais la ville fut reperdue en 1244.

Septième et huitième croisade (1248-1270) Menées par Saint Louis, roi de France, elles furent des échecs.

Croix-Rouge   Croissant-Rouge

Étoile de David

▲ Dans d'autres régions du monde, la Croix-Rouge a des noms et des symboles différents. Dans certains pays musulmans, par exemple, elle est connue sous le nom de Croissant-Rouge. En Israël, c'est l'Étoile de David.

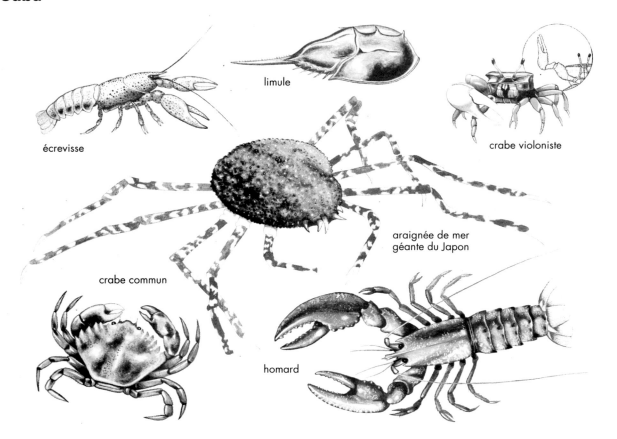

écrevisse

limule

crabe violoniste

araignée de mer
géante du Japon

crabe commun

homard

capturer leurs proies. Les crustacés pondent des œufs qui donnent naissance à de minuscules larves. Ces larves constituent une partie du plancton dont se nourrissent d'autres animaux marins. Pour grandir, les crustacés perdent leur carapace qui est remplacée par une carapace plus grande. Ce phénomène est appelé la mue. Les mues sont très fréquentes chez les jeunes et plus espacées à l'âge adulte.

Cuba

Cuba est une île de la mer des Caraïbes. Les plantations de canne à sucre et de tabac sont les principales ressources du pays. Le climat est tropical et l'île se trouve sur la route des CYCLONES qui soufflent sur les Caraïbes tous les ans. Découverte par Christophe Colomb en 1492, Cuba est restée une colonie espagnole jusqu'en 1898. Les États-Unis prirent ensuite possession de l'île. Celle-ci a obtenu son indépendance en 1901. Cuba est devenu communiste en 1959, sous la direction de Fidel Castro.

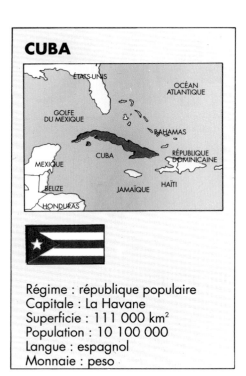

CUBA

ÉTATS-UNIS
OCÉAN ATLANTIQUE
GOLFE DU MEXIQUE
BAHAMAS
CUBA
RÉPUBLIQUE DOMINICAINE
MEXIQUE
BELIZE
JAMAÏQUE
HAÏTI
HONDURAS

Régime : république populaire
Capitale : La Havane
Superficie : 111 000 km²
Population : 10 100 000
Langue : espagnol
Monnaie : peso

Cube

Un cube est un volume formé de six côtés carrés et de douze arêtes de même longueur. Pour calculer le volume d'un cube, on multiplie deux fois la longueur d'un côté par elle-même. Si la longueur d'un côté est, par exemple, de 3 cm, le volume du cube est 3 x 3 x 3 = 27 cm^3 (abréviation de centimètres cubes).

ion de sodium

ion de chlore

Cuir

Le cuir est fabriqué à partir de la peau des animaux. Les peaux sont traitées pour les rendre solides et imperméables (pour les chaussures) ou souples (pour les vêtements, les fauteuils ou les bagages). Le procédé de traitement des peaux s'appelle le tannage. Avant d'être tannées, les peaux ont été plongées dans de l'eau salée afin d'éviter qu'elles pourrissent.

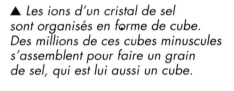

▲ Les ions d'un cristal de sel sont organisés en forme de cube. Des millions de ces cubes minuscules s'assemblent pour faire un grain de sel, qui est lui aussi un cube.

Cuivre

Le cuivre est un métal de couleur rouge-brun. Les hommes l'utilisent depuis des siècles pour fabriquer des armes, des outils et des bijoux. Dans les mines, le cuivre se trouve généralement mélangé avec d'autres métaux et minéraux. Le minerai est alors chauffé et fondu pour obtenir du cuivre pur. Ce métal est mou lorsqu'il est pur. Il est donc souvent mélangé avec d'autres métaux pour donner

◄ Près des trois quarts des réserves de cuivre du monde se trouvent concentrées dans six pays : les États-Unis, l'URSS, la Zambie, le Chili, le Canada et le Zaïre. Le cuivre est le deuxième métal le plus utilisé dans le monde.

▲ *Les photos satellites peuvent aider à prévoir la route que prendra le cyclone. Le cyclone Allen est, ici, au-dessus du golfe du Mexique. On distingue clairement l'œil, au centre du cyclone.*

des alliages comme le laiton et le bronze, qui sont plus résistants. Le cuivre devient vert lorsqu'il reste longtemps exposé à l'air.

Curie, Marie et Pierre

Marie Curie (1867-1934), d'origine polonaise, et Pierre Curie (1859-1906) étaient des scientifiques français. Ils se consacrèrent à l'étude de la radioactivité et découvrirent le radium et le polonium en 1898. Ils reçurent le prix Nobel de physique en 1903 pour leur découverte. Après la mort de son mari, Marie Curie reçut le prix Nobel de chimie en 1911.

Cyclisme

Le cyclisme est un sport qui se pratique sur une bicyclette. Il comporte des épreuves sur route (courses en ligne, d'un jour ou à étapes) et sur piste. Le cyclisme est un des sports les plus populaires en Belgique, en France et en Italie grâce à des épreuves comme le Tour de France, le Tour d'Italie, la Flèche wallonne ou le Tour des Flandres.

Cyclone

Un cyclone est une tempête qui se manifeste par des vents et des pluies d'une très grande violence. Ces tempêtes sont appelées des ouragans lorsque la vitesse du vent dépasse 120 km/h. Les vents d'un cyclone tourbillonnent en faisant un grand cercle et peuvent atteindre une vitesse de plus de 320 km/h. Au centre se trouve une étroite colonne d'air où règne une zone de calme. C'est l'œil du cyclone.

▲ *Bien que les cygnes soient de gros oiseaux, leurs longues et larges ailes et les muscles puissants de leur torse leur permettent de voler. Mais ils ont besoin de battre plus longtemps leurs ailes que les autres oiseaux pour prendre leur envol.*

Cygne

Les cygnes sont de grands oiseaux gracieux. Ils sont parmi les plus gros oiseaux capables de voler. Les cygnes nagent avec leurs pieds palmés. Ils se nourrissent de plantes et construisent de grands nids près des étangs ou des rivières. Certaines espèces migrent vers le sud au printemps.

Danemark

Le Danemark est un petit pays situé dans le nord de l'Europe, entre la mer du Nord, à l'ouest, la mer Baltique, à l'est, et l'Allemagne, au sud. Il est constitué d'une péninsule, appelée Jutland, entourée de 600 îles. Le Danemark est un pays plat où la terre et le climat sont particulièrement favorables à l'agriculture. La pêche est également une ressource importante. L'industrie est active (construction navale et électronique). Le Danemark est membre de la COMMUNAUTÉ ÉCONOMIQUE EUROPÉENNE (CEE).

Danse

La danse est probablement l'art le plus ancien. Les gens ont toujours dansé pour exprimer leurs sentiments. Aujourd'hui, il existe de nombreuses danses différentes. (Voir pages 158-159.)

Darwin, Charles

Charles Darwin (1809-1882) était un naturaliste et biologiste anglais. En 1859, il publia *De l'origine des espèces* dans lequel il exposait sa théorie de l'évolution. Darwin expliquait que tous les animaux et les végétaux avaient évolué à partir d'êtres vivants très anciens. Il ajoutait que les espèces modernes étaient celles qui avaient réussi à survivre en s'adaptant à l'environnement. Sa théorie reçut le nom de « sélection naturelle ».
Pour beaucoup de gens, cette théorie était inacceptable. Jusque-là, en effet, la majorité des gens croyaient que le monde, tel que nous le connaissons, avait été créé par Dieu. Pour eux, cette théorie allait contre les enseignements de la Bible. Aujourd'hui, la théorie de Darwin (le darwinisme) est largement reconnue et acceptée.

Dauphin

Les dauphins sont des mammifères marins de l'ordre des cétacés. Ils sont beaucoup plus petits que les baleines. Ils possèdent des dents et leur

DANEMARK

Régime : monarchie constitutionnelle
Capitale : Copenhague
Superficie : 43 000 km²
Population : 5 100 000
Langue : danois
Monnaie : couronne danoise

DANSE

La danse est un des arts les plus anciens. Il y a des milliers d'années, les gens racontaient des histoires en dansant. La danse faisait aussi partie de la religion ; les gens dansaient pour implorer le dieu de la Pluie et faire pousser les récoltes. Les guerriers dansaient pour se donner du courage avant la bataille.

Les gens dansent dans le monde entier. La danse se fait généralement sur une mesure rythmée et certaines musiques sont spécialement écrites pour être dansées. Chaque pays a ses propres danses folkloriques, avec des pas et des costumes traditionnels. Le ballet s'est développé au 17ᵉ siècle dans les cours royales d'Europe. Les bals sont devenus populaires au 19ᵉ siècle avec des danses comme la valse et, plus tard, le tango qui a été emprunté à une danse folklorique d'Amérique du Sud.

Aujourd'hui, au théâtre, au cinéma, à la télévision et dans les discothèques, la danse est pratiquée dans différents styles.

▲ *Des peintures murales de l'Égypte antique représentent des personnages en train de danser.*

▼ *Terpsichore était une des neuf muses qui représentaient les arts dans la mythologie grecque. Elle était la muse de la danse et de la poésie.*

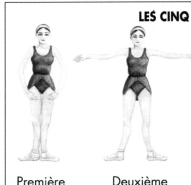

LES CINQ

Première   Deuxième

QUELQUES MOTS UTILISÉS DANS LE MONDE DU BALLET

Ballerine : danseuse de ballet

Barre : barre d'exercice utilisée pour l'entraînement

Corps de ballet : groupe principal de danseurs

Entrechat : saut pendant lequel le danseur croise et décroise rapidement ses pieds

Jeté : saut d'un pied sur l'autre

Pas de deux : figure de danse exécutée par deux personnes

Pirouette : tour sur un pied

◄ *Des stars telles que Fred Astaire ont rendu les claquettes et la danse moderne populaires à travers leurs films.*

POSITIONS DU BALLET

Troisième Quatrième Cinquième

◀ *La danse classique est basée sur ces cinq positions.*

QUELQUES DANSEURS CÉLÈBRES

Isadora Duncan (1878-1927). Américaine, elle étudia les danses grecques de l'Antiquité et dansait en portant les costumes classiques. Son travail a popularisé certaines idées nouvelles sur la danse.

Margot Fonteyn (née en 1919). Ballerine anglaise, elle étudia à l'école de Sadler's Wells et devint une étoile du Ballet royal britannique. Elle est surtout connue pour ses performances dans *le Lac des cygnes* et *la Belle au bois dormant*.

Vaslav Nijinski (1890-1950). Danseur russe, il était célèbre pour ses performances dramatiques et ses «élévations» (sauts en hauteur). Il dansa dans les fameux Ballets Russes dirigés par Serge de Diaghilev.

Rudolf Noureïev (né en 1938). Ce danseur soviétique quitta le ballet de Kirov en 1961 pour danser à l'Ouest. Il fut le partenaire de Margot Fonteyn.

Anna Pavlova (1882-1931). Ballerine russe, elle était remarquable en solo, spécialement dans *la Mort du cygne*. Elle a été formée à l'École impériale de ballet à Saint-Pétersbourg (aujourd'hui Leningrad).

▲ *Les danses exécutées par les Cosaques de Russie réclament à la fois de l'énergie et de l'agilité.*

▶ *Ces danseuses de revue portent des costumes identiques et exécutent ensemble les mêmes pas.*

▲ *Ces couples évoluent dans le cadre d'un concours de danse.*

Pour plus d'informations, voir les articles : BALLET, CINÉMA, GYMNASTIQUE, MUSIQUE, PATINAGE, THÉÂTRE.

▼ *Les dauphins et les marsouins sont des animaux voisins des baleines. Il existe une douzaine d'espèces très communes. Ils sont doués d'un cerveau comparativement aussi développé que celui des hommes.*

tête se termine par une bouche qui ressemble à un bec. Grâce à leur peau très lisse et à leur musculature, ils peuvent nager jusqu'à 63 km/h. Ils respirent de l'air et ont le sang chaud. Les marsouins, cousins des dauphins, n'ont pas de bec et le devant de leur tête est arrondi. Les dauphins sont des animaux évolués qui communiquent entre eux par des sifflements et des clappements.

marsouin commun

dauphin à long bec

dauphin commun

▼ *Le delta du Mississippi s'étend sur 320 km le long du golfe du Mexique. C'est l'un des plus spectaculaires au monde.*

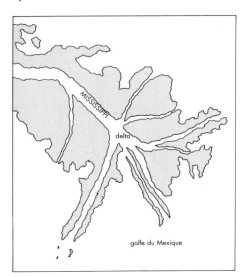

MISSISSIPPI

delta

golfe du Mexique

Delta

Lorsqu'un fleuve coule dans une plaine jusqu'à la mer, il dépose sur sa route des bancs de sable ou de vase. Le fleuve coule le long de ces bancs dans différents bras et change souvent de direction. Cette vaste zone, souvent marécageuse, avec de nombreux bras s'appelle un delta. Les deltas les plus connus sont ceux du Nil et du Mississippi; en France, c'est le delta du Rhône.

Démocratie

La démocratie est un système de gouvernement organisé par le peuple, pour le peuple. Dans une démocratie, le peuple élit son propre gouvernement. Des représentants de différents partis politiques se présentent aux élections et les gens votent pour celui qu'ils préfèrent. Dans certains cas, le peuple peut aussi obtenir la démission du gouvernement. Dans une démocratie, chacun a le droit de dire et lire ce qu'il désire dans les limites fixées par les lois.

La démocratie peut exister sous des régimes politiques différents. La démocratie française est une république avec un PRÉSIDENT et un PARLEMENT élus. La démocratie britannique, en revanche, est une monarchie avec un parlement élu.

Le président américain, Abraham Lincoln décrivait la démocratie comme « le gouvernement du peuple, par le peuple et pour le peuple ». Cela signifie que dans une démocratie, chacun participe à l'élaboration des lois que tout le monde doit respecter.

Dent

Les dents coupent, arrachent ou broient les aliments. Les dents qui coupent s'appellent des incisives ; les dents qui déchiquètent sont les canines ; celles qui broient sont les molaires. Les animaux carnivores ont de grandes canines pour déchiqueter la viande. Les herbivores ont des incisives coupantes et de grandes molaires pour couper, puis broyer les plantes. Les humains ont ces trois formes de dents car ils sont omnivores (ils mangent toutes sortes de nourriture). Une dent est composée de deux parties. La racine, qui a une, deux ou trois branches, est fixée dans la mâchoire. La couronne est la partie visible. Les caries se forment quand des bactéries se mélangent avec des aliments, en particulier avec le sucre. Elles détruisent l'émail en faisant des trous par lesquels l'infection entre dans la dent.

▼ *Il y a trois couches dans une dent. Au centre on trouve les nerfs et les vaisseaux sanguins. Ils sont entourés par une cloison osseuse appelée ivoire. Le tout est recouvert d'une couche d'émail dur et brillant.*

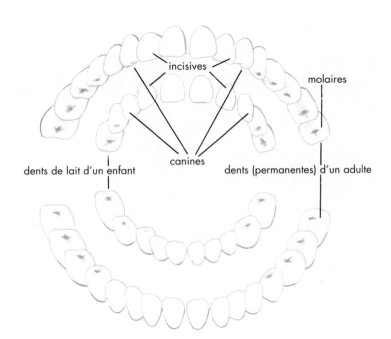

incisives

molaires

canines

dents de lait d'un enfant

dents (permanentes) d'un adulte

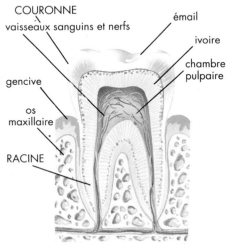

COURONNE
vaisseaux sanguins et nerfs
émail
ivoire
chambre pulpaire
gencive
os maxillaire
RACINE

◄ *Tes premières dents s'appellent des dents de lait. Il y en a 10 en haut et 10 en bas. À mesure que l'on grandit, de 6 à 12 ans, ces dents tombent et sont remplacées par des dents permanentes, 32 en tout.*

LES PLUS GRANDS DÉSERTS	
Sahara	9 065 000 km²
Australie	3 885 000 km²
Libye	1 295 000 km²
Gobi	777 000 km²
Rub' al-Khali	647 500 km²
Kalahari	310 000 km²
Karakoum	284 000 km²
Atacama	64 750 km²
Mohave	38 850 km²

Désert

Le désert constitue le lieu le plus hostile de la planète à la présence de la vie humaine, végétale ou animale. Il existe des déserts de sable et de pierres. Ces déserts des régions chaudes se caractérisent par leur sécheresse car il y pleut très peu. Mais il existe aussi des déserts de glace.

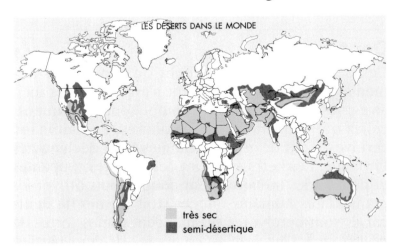

LES DÉSERTS DANS LE MONDE

■ très sec
■ semi-désertique

Beaucoup de grands déserts se trouvent dans les régions tropicales, souvent à l'intérieur d'un grand continent où les vents porteurs de pluies ne peuvent pas les atteindre. Les déserts couvrent environ un tiers des terres émergées, soit presque cent fois la superficie de la France. Certaines plantes, comme le cactus, conservent de l'humidité dans leurs tiges charnues.

▼ Les dunes sculptées par le vent dans le désert du Sahara au Maroc. Tous les déserts ne sont pas de sable; beaucoup sont des déserts de pierres, tout aussi arides et incultes.

Pendant la journée, les animaux du désert se protègent du soleil. Ils sortent plutôt la nuit, lorsque la chaleur est moins violente, et se rassemblent autour des points d'eau.

◀ Le faucon pèlerin s'attaque aux petits animaux du désert. C'est l'un des oiseaux les plus rapides.

▼ Il y a deux sortes de chameaux : celui d'Asie centrale, avec deux bosses, et celui du désert d'Arabie, avec une seule bosse, le dromadaire.

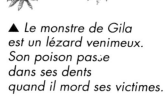

▲ Le monstre de Gila est un lézard venimeux. Son poison passe dans ses dents quand il mord ses victimes.

▶ Le lézard à collerette siffle et déploie sa collerette pour effrayer les intrus.

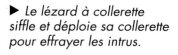

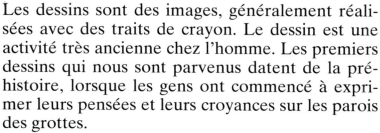

▲ Les dingos sont des chiens sauvages qui vivent dans les zones désertiques d'Australie.

Dessin

Les dessins sont des images, généralement réalisées avec des traits de crayon. Le dessin est une activité très ancienne chez l'homme. Les premiers dessins qui nous sont parvenus datent de la préhistoire, lorsque les gens ont commencé à exprimer leurs pensées et leurs croyances sur les parois des grottes.

Tous les peintres et sculpteurs célèbres ont aussi utilisé la technique du dessin. Avant de peindre ou de sculpter, l'artiste réalise souvent un dessin plus ou moins précis de l'œuvre qu'il va créer. On donne le nom d'études à ces dessins.

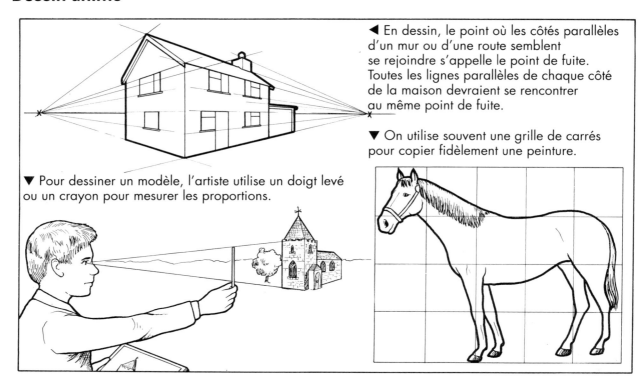

◀ En dessin, le point où les côtés parallèles d'un mur ou d'une route semblent se rejoindre s'appelle le point de fuite. Toutes les lignes parallèles de chaque côté de la maison devraient se rencontrer au même point de fuite.

▼ On utilise souvent une grille de carrés pour copier fidèlement une peinture.

▼ Pour dessiner un modèle, l'artiste utilise un doigt levé ou un crayon pour mesurer les proportions.

Léonard de VINCI a fait des dessins scientifiques. D'autres artistes font des dessins abstraits, avec quelques traits et peu de détails.

Dessin animé

Les dessins animés sont des films plus ou moins longs réalisés à partir de dessins. Pour réaliser un film d'animation, il faut assembler des séries de dessins. Chaque dessin est un peu différent du précédent afin de produire la sensation de mouvement. Ils sont ensuite filmés. Il faut théoriquement vingt-quatre dessins différents par seconde. Un film d'une heure nécessite 86 400 dessins. Les studios de dessin animé emploient de nombreux dessinateurs. Les studios WALT DISNEY ont réalisé les dessins animés les plus célèbres.

Détergent

Toutes les substances qui nettoient sont des détergents, comme le savon par exemple. Aujourd'hui, le mot détergent est surtout employé pour désigner les détergents synthétiques, c'est-à-dire la lessive et les produits de nettoyàge.

Diamant

Le diamant est le minéral le plus dur que l'on puisse trouver sur Terre. Il est formé de CARBONE pur, que l'on trouve aussi dans le graphite. Les

◀ *Un diamant taillé à côté d'un diamant brut. Le diamant taillé perd 50 % de son poids une fois qu'il a été découpé et poli.*

diamants sont en général transparents et incolores. Ils doivent être taillés et polis pour pouvoir briller. Ces pierres taillées servent pour orner des bijoux. Dans l'industrie, les diamants servent à couper et à polir grâce à leur dureté.

Dickens, Charles

Charles Dickens (1812-1870) était un grand écrivain anglais. Ses livres décrivent la vie en Angleterre sous le règne de la reine Victoria, au milieu du 19ᵉ siècle. Plusieurs de ses romans racontent des histoires d'enfants pauvres ou d'orphelins. Les plus connus sont *Oliver Twist*, *David Copperfield* et les *Contes de Noël*.

Dictateur

Un dictateur est un chef d'État qui a tous les pouvoirs et dirige le pays de façon autoritaire. Dans la Rome antique, un dictateur était un magistrat nommé à titre extraordinaire, pour prendre des décisions en cas de crise grave. Aujourd'hui, on utilise ce mot pour désigner un tyran qui retire à la population, par la violence, tous ses droits et libertés. Ceux qui tentent de s'opposer à un dictateur sont souvent tués, emprisonnés ou exilés.

Le Cullinan est l'un des plus gros diamants du monde. Il a été découvert par Thomas Cullinan, qui lui a donné son nom, à Pretoria, en Afrique du Sud, en 1905. La pierre brute faisait environ 13 cm de large et pesait près de 750 g. Le diamant fut taillé par des diamantaires d'Amsterdam en 1908 et donna 105 pierres différentes. L'un des gros diamants taillés dans le Cullinan s'appelle l'Étoile d'Afrique. Il appartient à la maison royale d'Angleterre et se trouve sur le sceptre royal.
Le diamant coloré le plus célèbre est le diamant de l'Espoir. Il est bleu foncé et a été découvert en Inde. L'Espoir se trouve aujourd'hui dans la collection de joyaux de l'institut Smithsonian à Washington, aux États-Unis. Un autre diamant célèbre, le Régent, ornait l'épée du sacre de Napoléon Iᵉʳ. Les diamants sont le plus souvent incolores, mais on en trouve aussi dans les tons bleu, jaune, rose ou champagne.

Dictionnaire

▼ *Dans un dictionnaire, la définition des mots comprend plusieurs parties. Après le mot lui-même vient la façon de le prononcer, ou phonétique, puis sa catégorie grammaticale, sous forme d'abréviation (n., adj.). Ensuite vient la définition du mot. On peut aussi trouver à la fin une liste d'autres mots qui ont presque le même sens, les synonymes, ou des mots de sens opposé, les antonymes.*

Dictionnaire

Un dictionnaire est un livre qui donne la signification des mots. Ceux-ci sont classés par ordre alphabétique, de A à Z. Les définitions contiennent en général l'origine des mots, leur utilisation et leur prononciation. Les dictionnaires de la langue française les plus célèbres ont longtemps été ceux de Littré et de Larousse, publiés au 19e siècle.

---

prononciation   catégorie grammaticale

ENCYCLOPÉDIE [ãsiklopedi]. *n. f.*

1ᵉ définition du mot
1° Ensemble de toutes les connaissances.

2ᵉ définition du mot
2° Ouvrage qui traite de toutes les matières d'une seule science.

exemple
Encyclopédie de la nature.

Digestion

La digestion est la transformation de nos aliments en substances que le corps utilise pour fonctionner. Cette transformation s'effectue dans l'appareil digestif. Dans la bouche, les dents et les substances

▶ *Si les organes de l'appareil digestif d'un homme adulte étaient étalés, ils atteindraient 10 m de long !*

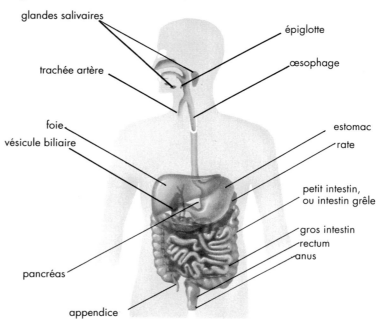

glandes salivaires — épiglotte — œsophage — trachée artère — foie — vésicule biliaire — estomac — rate — petit intestin, ou intestin grêle — gros intestin — rectum — anus — pancréas — appendice

chimiques de la salive réduisent les aliments, qui passent ensuite dans l'œsophage et l'estomac. Là, des acides, ainsi que d'autres substances, les enzymes, changent les aliments en un liquide crémeux qu'un muscle de l'estomac laisse passer dans le petit intestin. À l'intérieur de celui-ci, la bile du foie et le suc du pancréas diluent et simplifient encore un peu plus les aliments. Le liquide est alors filtré à travers les fines parois de l'intestin pour aller dans le sang. Les aliments qui restent vont dans le gros intestin, où ils sont transformés en un déchet solide et finalement rejetés par l'anus.

La plus grande créature volante que la Terre ait connue est le ptérosaure. Il vivait en Amérique du Nord il y a environ 70 millions d'années. Les scientifiques ont calculé sa taille à partir de ses restes fossilisés. Ce reptile avait une envergure de près de 11 m.

Dinosaure

Le mot dinosaure signifie «terrible lézard». Ces reptiles vivaient sur la Terre bien avant l'homme. Ils sont apparus il y a 225 millions d'années et ont disparu à l'ère secondaire, il y a 65 millions d'années. Ces créatures étaient divisées en deux

▼ *Beaucoup de dinosaures pouvaient survivre aux attaques des grands carnivores comme l'ankylosaurus. Les dinosaures-autruches pouvaient fuir en courant très vite.*

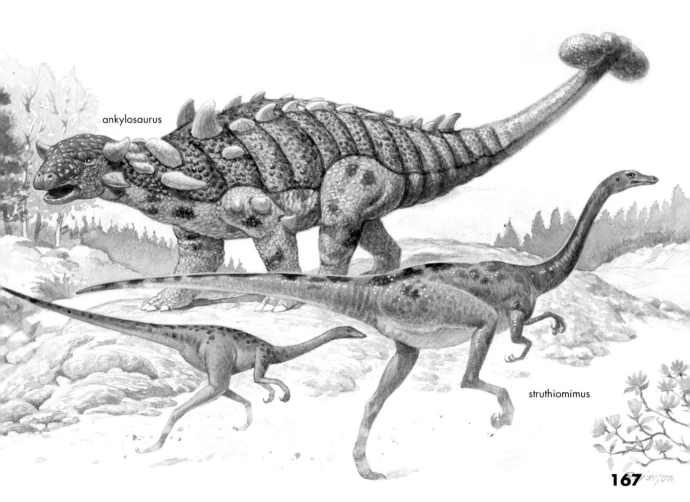

ankylosaurus

struthiomimus

groupes : les saurischiens et les ornithischiens. Le groupe des saurischiens est le premier à apparaître. Il comprend les dinosaures plutôt proches des reptiles, qu'ils soient herbivores (le plus souvent quadrupèdes, comme le diplodocus) ou bien carnivores (les bipèdes, comme les tyrannosaures, qui faisaient 15 m de long). Les dinosaures ornithischiens étaient tous herbivores. Ces grands reptiles quadrupèdes, comme le stégosaure et le tricératops, se déplaçaient lourdement, mais avaient une armure osseuse qui les protégeait contre les dinosaures carnivores. Tous les dinosaures étaient ovipares, on a retrouvé leurs œufs fossilisés.

Il y a 200 millions d'années, à l'âge des dinosaures, les continents étaient tous réunis en une seule masse de terre. C'est pour cette raison que l'on a trouvé des dinosaures sur tous les continents, sauf dans l'Antarctique. On a pu classifier environ 300 espèces. Pour certains, seul un fragment d'os, ou parfois une dent, a permis de les identifier.

Discrimination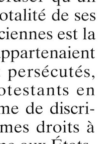

La discrimination, c'est le fait de refuser qu'un groupe de personnes bénéficie de la totalité de ses droits. L'une de ses formes les plus anciennes est la discrimination religieuse. Ceux qui n'appartenaient pas à la religion dominante étaient persécutés, comme le furent longtemps les protestants en France. Le racisme est une autre forme de discrimination. Les gens n'ont pas les mêmes droits à cause de la couleur de leur peau, comme aux États-Unis, où les Noirs ont été victimes de discriminations raciales jusqu'en 1960, ou en Afrique du Sud encore aujourd'hui. Le sexisme est une discrimination par le sexe. Le fait d'interdire certains métiers aux femmes est une forme de discrimination.

▼ *Walt Disney photographié en compagnie de Mickey Mouse, son personnage le plus célèbre, dans l'un des immenses parcs d'attractions qu'il a ouverts aux États-Unis (Disneyland, Disneyworld, etc.). Disney commença à travailler dans la publicité. Il réalisa son premier dessin animé sonore, « Steamboat Willie », en 1928.*

Disney, Walt

Walt Disney (1901-1967) était un cinéaste américain, célèbre pour ses DESSINS ANIMÉS et ses films pour enfants. Les personnages de Walt Disney, comme Mickey la souris et Donald le canard, sont connus dans le monde entier.

Disque

Un disque est une plaque en matière thermoplastique qui contient un enregistrement sonore. Pour graver un disque, les signaux électriques transmis par un MICROPHONE passent dans un amplificateur. Une aiguille spéciale, appelée burin de gravure, se déplace en fonction des signaux qu'elle reçoit et grave des sillons très fins à la surface du disque. Des copies en métal, ou matrices, sont ensuite réalisées à partir de ce disque original. Les matrices servent à presser, ou recopier, des milliers de disques en série.

Distillation

La distillation est une technique qui consiste à séparer les différents éléments contenus dans les liquides. Le liquide est chauffé et un premier élément, qui est transformé à une certaine température, s'évapore. En refroidissant, la vapeur redevient liquide : on dit qu'il y a condensation. Le nouveau liquide est ensuite chauffé à une température différente afin d'isoler un autre élément. En effet, chaque élément a une température d'évaporation déterminée. Cette opération s'appelle la distillation fractionnée. C'est la méthode que l'on utilise pour séparer les constituants du pétrole brut. La distillation est aussi utilisée pour fabriquer des boissons alcoolisées.

Djibouti

La petite république de Djibouti est située dans le nord-est de l'Afrique, entre l'Éthiopie et la mer Rouge. Le pays est désertique et possède peu de ressources naturelles. Environ un tiers de ses habitants sont des nomades. Djibouti, la capitale, est un port stratégique, à la sortie de la mer Rouge. Le pays est une ancienne colonie française et a obtenu son indépendance en 1977.

Dodo

En 1598, des explorateurs hollandais accostèrent à Maurice, une petite île de l'océan Indien. Ils découvrirent de gros oiseaux, incapables de voler, qui ressemblaient à des dindes. Ils les appelèrent dodos, du mot hollandais *dodoors* (paresseux). Ces oiseaux, appelés également drontes, ont tous été tués et l'espèce a disparu à la fin du 17e siècle.

DJIBOUTI

MER ROUGE · YÉMEN DU NORD · YÉMEN DU SUD · GOLFE D'ADEN · ÉTHIOPIE · DJIBOUTI · SOMALIE

Régime : république
Capitale : Djibouti
Superficie : 23 000 km²
Population : 350 000
Langues : français, arabe
Monnaie : franc de Djibouti

▼ *Le dodo pondait un seul œuf blanc sur un nid d'herbe. Son cri ressemblait à celui d'une petite oie.*

RÉPUBLIQUE DOMINICAINE

Régime : démocratie
Capitale : Saint-Domingue
Superficie : 48 400 km²
Population : 6 850 000
Langue : espagnol
Monnaie : peso dominicain

▶ *Deux dômes, un grand et un petit, ornent l'église Santa Maria della Salute à Venise. Le mot dôme vient du latin doma, qui signifie «toit» ou «maison».*

DOMINIQUE (LA)

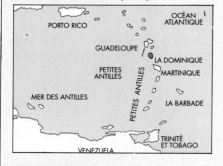

Régime : république
Capitale : Roseau
Superficie : 751 km²
Population : 80 000
Langue : anglais
Monnaie : dollar des Caraïbes
       orientales

Dôme

Les dômes sont des toits arrondis, construits en pierre, en béton, en acier, en verre ou en plastique. Des dômes couvrent de célèbres édifices religieux, comme la cathédrale Sainte-Sophie à Istamboul ou la basilique Saint-Pierre de Rome. Le plus grand dôme du monde est le *Superdome,* un stade de football américain dans la ville de La Nouvelle-Orléans, aux États-Unis.

Dominicaine (République)

La République dominicaine occupe la plus grande partie de l'île d'Hispaniola, ou Saint-Domingue, dans la mer des Caraïbes. Le reste de l'île forme l'État d'Haïti. Les principales cultures sont le café, le cacao, le tabac et surtout la canne à sucre. L'île de Saint-Domingue a été partagée entre la France et l'Espagne au 17e siècle. La République dominicaine était la partie espagnole. Le pays a obtenu son indépendance de l'Espagne en 1865.

Dominique (La)

La Dominique est une petite île volcanique des Antilles dans la mer des Caraïbes. Le pays était une colonie britannique. Devenue république indépendante en 1978, la Dominique est membre du Commonwealth. Les principales cultures sont les bananes, les agrumes et le cacao.

DOM-TOM

Ce sigle signifie «département d'outre-mer» (DOM) et «territoire d'outre-mer» (TOM). Il s'agit des terres qui font partie de la République française mais qui ne sont pas situées en Europe. Il y a quatre DOM en Amérique (la Martinique et la Guadeloupe aux Antilles, la Guyane en Amérique du Sud, Saint-Pierre et Miquelon au large du Canada), une au large de l'Afrique (la Réunion). L'île de Mayotte, dans les Comores, a un statut particulier. Ces départements ont le même régime que la métropole, mais certaines lois peuvent être aménagées. Les territoires d'outre-mer se trouvent en Océanie : Wallis-et-Futuna, Polynésie française, Nouvelle-Calédonie, et dans l'Antarctique : les Terres australes et antarctiques françaises.

Douleur

La douleur est une sensation désagréable. C'est un avertissement qui signifie que le corps est agressé par un élément étranger. Une douleur peut être causée par une brûlure ou une piqûre. Les parties du corps les plus sensibles, comme les mains, sont celles où se terminent de nombreux nerfs. Les

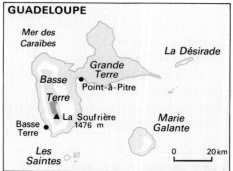

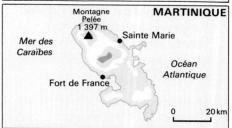

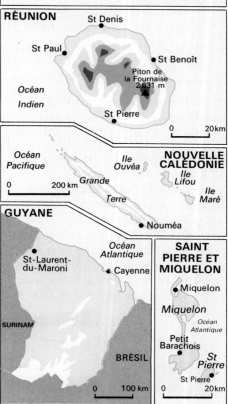

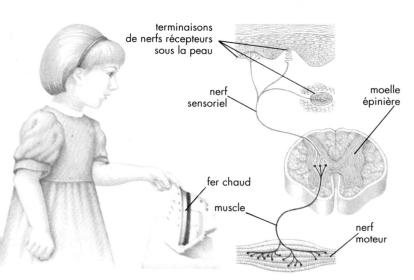

◄ Lorsque cette fillette touche le fer chaud, les nerfs de son doigt envoient un signal d'avertissement au système nerveux central. Le message est renvoyé aux nerfs qui contrôlent les muscles de son bras et elle retire sa main du fer. Tout cela se passe en quelques dixièmes de seconde.

Dragon

Le drapeau français a été créé en octobre 1789.
Il allie la couleur royale, le blanc, aux deux couleurs de la ville de Paris, le bleu et le rouge. Il devint officiel sous la Troisième République.

Le drapeau belge a aussi été créé en 1789, lors de la révolution brabançonne. Il reprend les couleurs noir, jaune, rouge de la province du Brabant. Il devint officiel en 1830.

Le drapeau suisse est formé d'une croix blanche qui représente un crucifix sur fond rouge. Il reprend la bannière du canton de Schwyz. Il devint officiel en 1899.

▼ *Les drapeaux de signalisation utilisés sur les bateaux ont chacun une signification. Il existe un drapeau pour chaque lettre de l'alphabet et pour les chiffres, de un à dix (ci-dessous). À droite, on voit les modèles de base des drapeaux. Le dessin de canton est celui qui se trouve sur le drapeau des États-Unis. Le modèle de quartiers est utilisé pour le drapeau de Panama. Le triangle se trouve sur le drapeau de la Jordanie. La dentelure apparaît sur le drapeau de Qatar, la bordure sur celui de Grenade.*

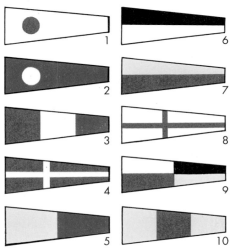

nerfs apportent le message de la douleur jusqu'au système nerveux central.
Les chimistes ont inventé des médicaments anesthésiques et des calmants pour endormir la douleur causée par une maladie ou une blessure.

Dragon

Les dragons sont des monstres imaginaires. Pourtant, à une certaine époque, les gens croyaient que les dragons existaient vraiment. Les artistes les ont représentés comme de gros lézards ou serpents avec des ailes et des griffes terrifiantes. Dans les légendes, ces animaux crachaient du feu et dévoraient les hommes.

Drapeau

Les drapeaux sont des pièces de tissu colorées. Ils représentent un pays, une armée ou des organismes comme la Croix-Rouge. Ce sont des emblèmes utilisés depuis l'époque de l'Égypte ancienne. Aujourd'hui, le drapeau national est le symbole de l'histoire d'un pays, de sa puissance ou de son prestige. Arborer son drapeau national, c'est montrer son appartenance à un pays.
Les drapeaux servent également de signalisation. Il existe un code international de signaux depuis 1857, utilisé dans la marine. Les drapeaux sont

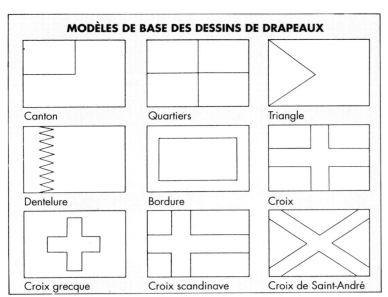

MODÈLES DE BASE DES DESSINS DE DRAPEAUX

Canton — Quartiers — Triangle
Dentelure — Bordure — Croix
Croix grecque — Croix scandinave — Croix de Saint-André

alors appelés des pavillons. Le pavillon jaune, par exemple, signifie qu'un bateau est en quarantaine (isolement) parce qu'une maladie s'est déclarée à son bord. Le drapeau blanc est un signe de trêve lors de combats. Un drapeau à moitié levé (on dit « en berne ») est un signe de deuil.

Drogue

Les drogues sont des substances chimiques qui agissent sur le comportement du corps. Elles peuvent être naturelles, comme la feuille de coca, ou résulter de la combinaison de diverses molécules, comme les drogues synthétiques. La digitale, par exemple, est une plante qui permet de fabriquer une drogue accélérant les battements du cœur. Certaines personnes prennent des drogues comme la cocaïne, le cannabis ou l'héroïne. Ces drogues, que l'on appelle stupéfiants, créent une dépendance, ou habitude, et peuvent provoquer des maladies et parfois même la mort.

Droits civiques

Les hommes se sont toujours battus pour le droit de se gouverner eux-mêmes ou pour faire respecter leurs droits civiques. Les plus importants de ces droits sont la liberté de s'exprimer dans des discours ou dans les journaux, l'égalité devant la loi, le droit d'élire ou de démettre un gouvernement, le droit de pratiquer la religion de son choix. Ces droits ont été définis pour la première fois au 17e et au 18e siècle en Angleterre, aux États-Unis et en France. En 1948, l'assemblée générale des NATIONS UNIES a adopté une déclaration universelle des droits de l'homme.

Droits de la femme

Les droits de la femme signifient le droit des femmes à être des cifoyennes à part entière, égales aux hommes. Au début du 20e siècle, ces droits, surtout le droit de vote, n'étaient pas encore accordés aux femmes, en Europe. Ils ne le sont toujours pas dans certains pays.

En 1959, les Nations unies ont déclaré que tous les enfants du monde avaient des droits spéciaux. Ces droits sont exposés dans la Déclaration des droits de l'enfant. La déclaration précise qu'un enfant doit pouvoir grandir de façon normale et en bonne santé ; être libre et respecté ; avoir un nom et une nationalité ; être aimé et compris ; pouvoir aller à l'école gratuitement et avoir la possibilité de jouer. En 1990, les Nations unies ont adopté une nouvelle charte des droits de l'enfant.

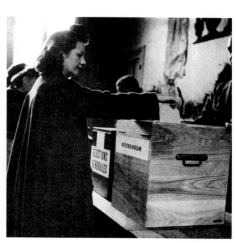

▼ En France, les femmes ont voté pour la première fois en 1945.

▲ *Grâce à la loi présentée par Simone Veil, l'interruption volontaire de grossesse est devenue légale.*

En Angleterre, en 1903, Emeline Pankhurst créa l'Union féminine sociale et politique. Ses membres, connus sous le nom de «suffragettes», se sont battus pour le droit de vote, enfin obtenu en 1928. Auparavant, certains pays Scandinaves avaient déjà autorisé les femmes à voter. En France, elles ont voté pour la première fois en 1945.

Dans les années 1970, de nombreux mouvements de femmes se sont créés pour obtenir de nouveaux droits. En France, le Mouvement de libération des femmes (MLF) est né en 1968. Ces mouvements réclamaient le droit à la contraception libre et gratuite et le droit à l'avortement (interruption volontaire de grossesse). Simone Veil, nommée ministre de la Santé en 1974, a fait voter plusieurs lois importantes pour les femmes.

Dumas, Alexandre

Alexandre Dumas (1802-1870) était un écrivain français. Il créa le personnage du mousquetaire d'Artagnan, héros de son roman historique *les Trois Mousquetaires* et *Vingt Ans après*. Il écrivit des dizaines de romans qui mêlent les grands personnages de l'histoire et des héros aux aventures palpitantes, comme dans *le Comte de Monte-Cristo, Ange Pitou* ou *les Quarante-Cinq.*

▼ *Une scène du film « le Retour des mousquetaires », inspiré du roman d'Alexandre Dumas.*

Eau

L'eau est la substance le plus répandue sur la Terre (70 % de la surface du globe). L'eau est essentielle : sans elle, il n'y aurait pas de vie sur Terre. Elle est présente dans tous les organismes vivants. L'eau existe sous trois formes différentes. À 0 °C, elle gèle et devient solide. À 100 °C (à l'altitude 0), elle bout et se transforme en vapeur. Entre les deux, elle est liquide. L'eau suit un cycle précis. La chaleur du soleil fait évaporer l'eau des mers, des lacs, etc. Cette vapeur se transforme en nuages et retombe ensuite sur la Terre sous forme de pluie. Enfin, elle s'écoule et pénètre dans le sol.

Échecs (jeu d')

Le jeu d'échecs oppose deux joueurs avec chacun 16 pièces, disposées sur deux rangs, autour d'un plateau composé de 32 cases noires et 32 blanches. Elles servent à attaquer, battre en retraite ou à défendre la principale pièce, le roi. Une partie est gagnée lorsque l'un des deux rois ne peut plus se déplacer : on dit qu'il est «échec et mat».

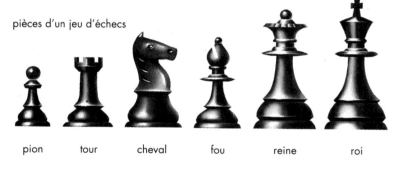

pièces d'un jeu d'échecs

| pion | tour | cheval | fou | reine | roi |

▲ La formule chimique de l'eau est H_2O. Cela signifie que chaque molécule d'eau est constituée de deux atomes d'hydrogène (H) et d'un atome d'oxygène (O). Si l'on utilise des électrodes pour faire passer de l'électricité dans l'eau, on peut séparer ces atomes en deux gaz, l'hydrogène et l'oxygène. Ce procédé s'appelle l'électrolyse.

▼ Un échiquier avant une partie.

Écho

L'écho est provoqué par le renvoi et la répétition d'un SON par un mur ou tout autre obstacle. Comme le son voyage toujours à la même vitesse, l'écho peut être utilisé pour connaître la distance de certains objets ou obstacles. Le SONAR d'un bateau, par exemple, se sert des échos pour calculer la profondeur de la mer. Les RADARS utilisent l'écho pour identifier un objet et sa distance. Certains animaux, comme la chauve-souris, se servent aussi de l'écho pour se diriger.

Éclair

▲ L'accumulation d'électricité statique dans l'atmosphère produit des éclairs. Lorsque l'électricité se décharge, elle provoque une lumière très vive et une détonation que l'on appelle tonnerre.

▼ Une éclipse solaire se produit lorsque la Lune s'interpose entre la Terre et le Soleil. Une éclipse lunaire se produit lorsque l'ombre de la Terre se projette sur la Lune. D'une éclipse solaire, on ne peut observer que le « cône d'ombre ».

Éclair

Un éclair est une lumière intense due à une brève décharge d'électricité lors d'un ORAGE. Il existe trois types d'éclairs. Un éclair strié éclate entre un nuage et la terre. Un éclair fourché se produit lorsque l'éclair se divise pour atteindre la terre plus rapidement. Un éclair en nappe se forme à l'intérieur d'un nuage et illumine le ciel.

Éclipse

Une éclipse se produit lorsque l'ombre d'une planète se projette sur une autre planète. Le Soleil et les deux planètes sont alors alignés. Les seules éclipses visibles sans télescope sont celles qui se produisent lorsque le Soleil, la Lune et la Terre sont alignés dans le même axe.

Quand la Terre se trouve entre la Lune et le Soleil, l'ombre de la Terre voile la Lune. C'est une éclipse lunaire : l'éclipse est visible de tous les points de la Terre d'où la Lune est visible. En revanche, quand la Lune se trouve entre la Terre et le Soleil, elle dissimule le Soleil à l'observateur. Il s'agit alors d'une éclipse solaire, visible des points de la Terre situés dans l'ombre de la Lune. Deux ou trois éclipses solaires et lunaires se produisent chaque année.

Le centre d'une éclipse solaire s'appelle le « cône d'ombre ». C'est un cercle sombre qui ne fait que 270 km de large. À l'intérieur de ce cône, l'éclipse est complète (la Lune cache complètement le Soleil). Autour du cône se trouve une ombre plus claire d'environ 3 000 km de large où une partie du Soleil est encore visible.

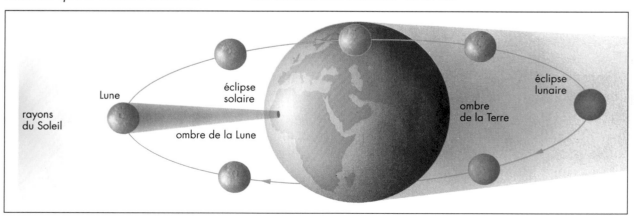

Écluse

Une écluse est un système construit sur un CANAL. Elle permet aux péniches de passer d'un niveau d'eau à un autre. En effet, les rivières et les fleuves s'écoulent d'amont vers l'aval, mais les canaux ne sont pas en pente. Il faut donc franchir les dénivellations grâce aux écluses. L'écluse la plus grande de France se trouve sur la Seine, au Havre. Elle mesure 400 m de long et 67 m de large. L'écluse d'Anvers, en Belgique, sur un bras de la Meuse, fait 500 m de long et 57 m de large.

École

Dans de nombreux pays, il existe des lois qui rendent l'école obligatoire pour les enfants de 5 à 16 ans. Ces pays doivent donc construire suffisamment d'établissements scolaires pour que tous les enfants puissent suivre des études. Mais certains pays pauvres ne disposent pas d'écoles et de professeurs en nombre suffisant pour apprendre à lire, à écrire et à compter à tous les enfants. Près d'un tiers de la population mondiale de plus de 15 ans ne sait pas encore lire et écrire.

Écologie

L'écologie est l'étude des relations entre les êtres vivants et leur milieu. Cette science montre que la plupart des plantes et des animaux ne peuvent vivre que dans un habitat déterminé, comme un étang, un sol, une forêt ou un désert. Les plantes sont adaptées au sol et au CLIMAT du lieu où elles se développent. Les animaux mangent ces plantes, ou se mangent les uns les autres. Chaque plante, chaque animal sont donc liés à un écosystème. Chaque écosystème est très fragile. Si certaines espèces meurent, les espèces qui s'en nourrissaient peuvent disparaître.

Les activités de l'homme peuvent représenter un danger important pour les équilibres naturels. L'industrialisation toujours croissante donne lieu à la production de déchets de plus en plus nombreux et entraîne une POLLUTION atmosphérique

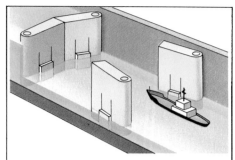

Les portes s'ouvrent et laissent le bateau entrer dans le sas avant de se refermer.

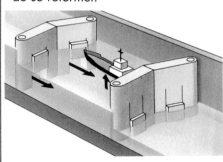

L'ouverture des portes supérieures permet au sas de se remplir.

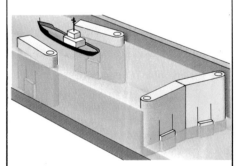

Lorsque l'eau est au même niveau à l'intérieur du sas et de l'autre côté des portes, le bateau peut alors passer.

▲ *Fonctionnement d'une écluse. Avant que le bateau puisse entrer, le niveau de l'eau doit être le même que celui du bassin le plus bas.*

Les élèves seront sûrement surpris d'apprendre que le mot école vient du grec *skholê*, qui signifie loisir. Les anciens Grecs pensaient en effet que les études étaient une activité de temps libre.

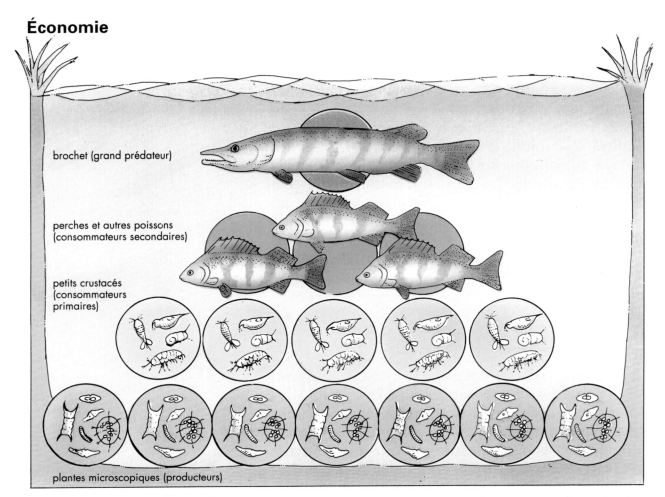

Économie

brochet (grand prédateur)

perches et autres poissons (consommateurs secondaires)

petits crustacés (consommateurs primaires)

plantes microscopiques (producteurs)

▲ *La pyramide alimentaire, ci-dessus, donne une idée de la quantité de nourriture nécessaire pour maintenir en vie les animaux d'un lac. Il faut environ 1 000 kg de végétaux pour alimenter les animaux qui nourrissent les petits poissons qui, à leur tour, nourrissent un brochet de 1 kg.*

et aquatique qui menace la nature. Les écologistes réfléchissent sur les moyens de préserver le fragile équilibre écologique de la Terre.

Économie

L'économie est l'ensemble des activités humaines de production, de distribution et de consommation des richesses et des biens (alimentation, logement, etc.). C'est l'étude des moyens nécessaires pour satisfaire les besoins d'une communauté. Aucun pays ne possède toutes les ressources capables de répondre à ces besoins. Chaque pays doit donc décider de quelle façon il va utiliser ses ressources et se procurer celles qui lui manquent.

Écorce

L'écorce est la couche extérieure qui recouvre le tronc et les branches des arbres. Cette couche de bois mort est imperméable et protège le bois.

Lorsque les arbres grandissent, ils produisent chaque année, au printemps et à l'automne, une couche, ou anneau, de bois nouveau.

Écriture

Les premières formes d'écriture étaient de simples messages sous forme d'images. Peu à peu, les images ont été simplifiées. Chez les Égyptiens, les HIÉROGLYPHES désignaient chacun des objets, comme «maison», ou des personnes, comme «homme». Plus tard, on a représenté des sons par des lettres qui pouvaient être combinées pour former des mots. Des alphabets classant ces sons ont été créés. Notre ALPHABET vient de ceux qu'utilisaient les Grecs et les Romains de l'Antiquité.

Écureuil

Les écureuils sont des rongeurs pourvus de dents coupantes et d'une longue queue touffue qui les aide à se diriger et à garder leur équilibre. Ils se nourrissent de jeunes pousses et de graines. Les écureuils arboricoles (qui vivent dans les arbres) passent d'un arbre à un autre en faisant des sauts de plus de 3 m. Les écureuils volants peuvent sauter dix fois plus loin. D'autres rongeurs voisins des écureuils, comme les marmottes, vivent au contraire sous la terre, dans des terriers.

Edison, Thomas

Thomas Alva Edison (1847-1931) était un inventeur américain. Enfant, il ne passa que trois mois à l'école et son professeur déclara qu'il était stupide. Il réalisa pourtant de nombreuses inventions comme l'ampoule électrique, le phonographe, qui permet d'enregistrer et de restituer les sons, et le Kinétoscope, ancêtre du cinématographe.

Église

Les églises sont des édifices dans lesquels s'exerce le culte de différentes religions chrétiennes. Toutes sont des lieux de prière où se déroulent des offices

chinois ancien	chinois moderne	signification
羋	牛	bœuf
羋	羊	mouton
米	木	chèvre
田	田	arbre
丁豐	祇	champ
)	月	prier
Ω	土	lune

▲ L'écriture chinoise a évolué au cours des siècles. Ce tableau présente des caractères anciens et des caractères modernes. L'alphabet chinois ne correspond pas à des sons, mais à des idées.

▼ Il existe plus de 300 espèces d'écureuils. L'écureuil roux est le seul écureuil arboricole originaire d'Europe. Il vit surtout dans les forêts de conifères où il se nourrit de pommes de pin et de pousses.

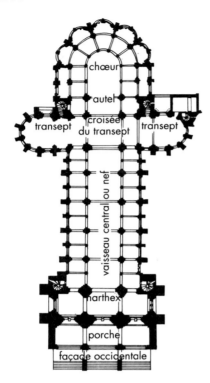

▲ *Le plan des églises imite la forme de la croix. La nef et le chœur forment la partie verticale de la croix et les transepts en constituent les bras. L'autel est généralement situé dans la partie la plus éloignée de la porte principale.*

ÉGYPTE

Régime : république
Capitale : Le Caire
Superficie : 1 000 000 km²
Population : 50 300 000
Langue : arabe
Monnaie : livre égyptienne

religieux. Ces édifices ont des formes et des tailles multiples, allant des maisons de bois jusqu'aux cathédrales de pierre.

Les plus grandes églises, en particulier les églises catholiques, sont généralement construites selon un plan en forme de croix. À travers les âges, les églises ont changé de style. Les églises des 11ᵉ et 12ᵉ siècles possèdent de larges arcs arrondis et des DÔMES : elles sont de style roman. Le style gothique est apparu après le 11ᵉ siècle en Europe de l'Ouest. À partir de ce moment, la plupart des églises ont été construites avec des flèches pointues, des arcs étroits et élancés, des vitraux colorés et de nombreuses sculptures. Puis il y eut le style baroque en Italie et en Espagne, aux façades exubérantes et aux intérieurs très décorés.

Égypte

L'Égypte est presque complètement située dans la zone tropicale aride. Aussi la plus grande partie du pays est-elle constituée de déserts. C'est le deuxième État d'Afrique par sa population. La quasi-totalité de la population vit le long du NIL, principale région agricole du pays. Le barrage d'Assouan (1970) a permis d'augmenter considérablement la surface cultivable. En 1979, l'Égypte a signé un traité de paix avec Israël qui a mis fin au conflit qui opposait les deux nations depuis 1948.

Égypte (ancienne)

L'une des plus grandes civilisations du monde a débuté en Égypte, il y a près de 5 000 ans. Pendant 2 500 ans, l'Égypte a été l'un des plus puissants et des plus riches pays du monde.

Ses six millions d'habitants vivaient sur les bords du Nil, un fleuve qui s'étend du sud au nord du pays, le reste de l'Égypte n'étant qu'un désert. Chaque année, les crues du Nil fertilisaient les champs environnants. Les paysans pouvaient faire deux récoltes par an et nourrir le reste de la population composée d'artisans, de marchands, de prêtres, de familles nobles et d'esclaves. Le pays était alors dirigé par des PHARAONS.

Ils ont fait construire des pyramides, qui étaient des tombeaux destinés à conserver leurs momies (corps embaumé). Dans ces pyramides, on a retrouvé des HIÉROGLYPHES écrits sur du papyrus, une sorte de papier provenant d'un roseau. Les peintures et les hiéroglyphes nous permettent de savoir de quelle façon vivaient les anciens Égyptiens. Cette civilisation a disparu lorsque le pays est tombé sous domination étrangère, vers 525 av. J.-C. (Perses, Grecs, puis Romains). C'est le Français Champollion qui a découvert le sens de l'écriture égyptienne.

▲ *Le sphynx est une créature imaginaire que l'on retrouve dans les légendes de l'Antiquité. Les sphynx égyptiens avaient le corps d'un animal et la tête du pharaon régnant. Le plus célèbre est celui qui garde la grande pyramide de Chéphren.*

Einstein, Albert

Albert Einstein (1879-1955), né en Allemagne, fut un grand scientifique. Sa théorie de la relativité était une façon nouvelle de considérer l'espace, le temps, la matière et l'énergie. Einstein a démontré qu'une petite quantité de matière peut être transformée en une grande quantité d'énergie selon la célèbre formule : $E = mc^2$.

Élasticité

Quand on tire sur une bande de caoutchouc, elle s'étire. Une fois relâchée, elle reprend la taille et la forme qu'elle avait au départ. On dit qu'elle est

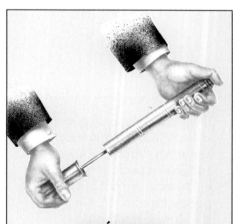

EXPÉRIENCE

L'air a aussi de l'élasticité. Il peut être comprimé dans une boîte ou un tube. L'énergie ainsi conservée est alors utilisée pour actionner des machines, comme le marteau-piqueur pneumatique. Tu peux vérifier l'élasticité de l'air en posant ton pouce au bout d'une pompe à vélo et en poussant sur le manche.

En France, les premières élections eurent lieu en 1791. À cette époque, il fallait payer un impôt correspondant à au moins trois jours de travail pour être électeur : c'était le suffrage censitaire, du nom du «cens» la redevance due jadis par les paysans au seigneur. En 1792, la République décida de donner le droit de vote à tous les hommes sans distinction de richesse. Plus tard, sous la Restauration, le droit de vote est redevenu censitaire. Le suffrage censitaire a disparu en 1848. Les femmes ont voté pour la première fois en 1945.

élastique. L'élasticité est due aux molécules qui forment le matériau élastique et qui restent à une certaine distance les unes des autres. Si ces molécules sont compressées, elles se repoussent. Si elles sont écartées, elles veulent reprendre leur position initiale. Tous les solides, les liquides et les gaz ont aussi une certaine élasticité.

Élection

Les élections permettent à la population de choisir et d'élire un nouveau GOUVERNEMENT ou de nouveaux représentants. La plupart des pays organisent des élections à intervalles réguliers. En France, les électeurs se présentent au bureau de vote un jour déterminé. On leur remet plusieurs papiers, les bulletins de vote, où figurent les noms des candidats. Chaque électeur glisse le bulletin avec le nom de la personne ou du parti choisi dans une enveloppe et la dépose dans une boîte spéciale appelée urne. Le candidat qui a obtenu le plus de bulletins est le vainqueur. Il y a des élections présidentielles, législatives et municipales.

Électricité

L'électricité est une forme d'ÉNERGIE qui fait fonctionner des milliers de machines et d'objets, comme les ampoules, les aspirateurs, la radio, la télévision ou les locomotives.

L'électricité que nous utilisons passe à travers des câbles sous forme de COURANT ÉLECTRIQUE. L'électricité ne peut être acheminée que si les câbles forment une boucle complète, ou circuit. Une coupure dans le circuit empêche le courant de passer. Les interrupteurs sont de simples dispositifs qui permettent d'interrompre le passage du courant dans les circuits.

L'électricité qui alimente les maisons et les usines est produite dans une CENTRALE ÉLECTRIQUE. Dans le GÉNÉRATEUR d'une centrale, des bobines de fils métalliques tournent entre les pôles d'un aimant puissant. L'électricité passe alors dans les fils à travers la bobine. Ce courant est ensuite acheminé vers les maisons.

En 1752, le scientifique et homme d'État américain Benjamin Franklin voulut savoir si les éclairs et le tonnerre étaient provoqués par de l'électricité. Un jour d'orage, il lança dans le ciel un cerf-volant muni d'une pointe métallique et d'un fil de soie. Il attacha une clé sur le fil. Quelques secondes plus tard, Franklin obtint la réponse à sa question. Lorsqu'il toucha la clé, il reçut une décharge de courant électrique.

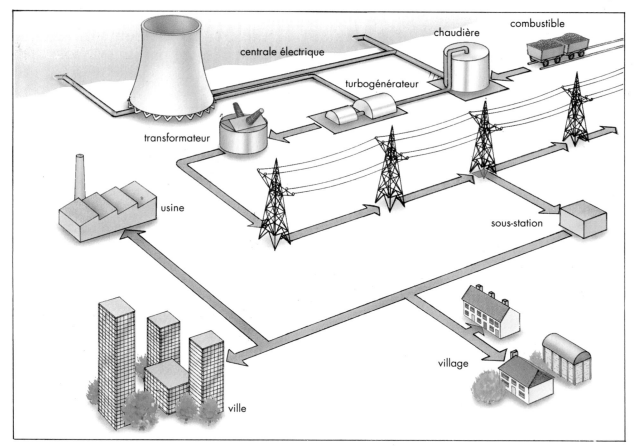

combustible

chaudière

centrale électrique

turbogénérateur

transformateur

usine

sous-station

village

ville

Électronique

L'électronique est l'étude et l'utilisation du comportement de minuscules particules, appelées électrons, dans les CRISTAUX, les GAZ ou le VIDE. Les dispositifs électroniques, comme les TRANSISTORS et les MICROPROCESSEURS, à base de silicium, sont utilisés dans des appareils tels que les ORDINATEURS qui permettent de résoudre rapidement des calculs très complexes, les RADARS qui aident les avions à se diriger, les postes de TÉLÉVISION, etc.

Élément chimique

Ton corps, et tout ce que tu vois autour, est composé d'éléments chimiques. Chaque élément correspond à une sorte d'ATOME. Le métal argent, par exemple, ne contient que des atomes d'argent. C'est un corps simple qui n'est constitué que de l'élément argent. Les corps comprenant plusieurs sortes d'atomes sont appelés des corps composés :

▲ L'électricité produite dans une centrale électrique est acheminée par un réseau de lignes à haute tension. Elle passe par les transformateurs d'une sous-station qui réduisent sa tension à 220 volts. Elle peut alors être distribuée dans les maisons et les usines.

▼ Cette boule de l'élément plutonium brille du rayonnement de sa propre radioactivité. Le plutonium (Pu) ne se trouve pas dans la nature. Il est produit dans les réacteurs nucléaires.

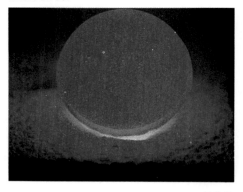

Éléphant

éléphant
d'Asie

éléphant
d'Afrique

▲ L'éléphant africain a des oreilles
et des défenses plus grandes
que celles de l'éléphant d'Asie

▼ Chez l'éléphant africain, le mâle
dominant protège son troupeau ;
il menace les intrus, oreilles
en avant et défenses levées.

ils sont constitués de plusieurs éléments. Les chimistes ont découvert 103 éléments différents. Chaque élément est désigné par un symbole : par exemple Cu pour le cuivre.

Éléphant

Les éléphants sont les plus grands animaux terrestres vivants. Ces MAMMIFÈRES herbivores ont de grandes oreilles, une trompe, une peau épaisse et deux longues dents très développées, les défenses. Les éléphants atteignent leur taille adulte après l'âge de 20 ans et vivent jusqu'à 100 ans. Des dizaines de milliers d'entre eux ont été tués pour l'ivoire de leurs défenses. Aujourd'hui, ce sont des animaux protégés.

Émirats arabes unis

Les Émirats arabes unis sont composés de sept petits États : Abu Dhabi, Dubai, Fujairah, Sharjah, Umm al-Qaiwan, Ajman et Ras al-Khaimah.

Un désert chaud et sec couvre la majeure partie du pays, mais le pétrole d'Abu Dhabi, de Dubai et de Sharjah en fait une des plus riches régions du monde.

Émondage

L'émondage consiste à couper les branches et les pousses des ARBRES et de certaines PLANTES. Cette opération aide les plantes à donner plus de fleurs et de fruits et favorise leur croissance. Les jardiniers émondent, ou taillent, les arbustes pour leur donner une forme particulière, plus décorative.

Empire byzantin

L'Empire byzantin fait suite à l'EMPIRE ROMAIN d'Orient. Après la chute de Rome et la victoire définitive des peuples germaniques (476), l'empereur de Constantinople, nouveau nom de Byzance, resta le seul héritier de l'Empire romain. Les empereurs développèrent une riche civilisation, tout en se battant contre la progression des armées arabes, puis turques et ottomanes. L'Empire byzantin dura jusqu'en 1453, lorsque Constantinople fut conquise par les Turcs.

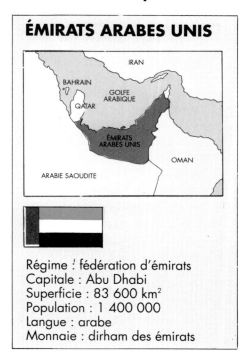

ÉMIRATS ARABES UNIS

Régime : fédération d'émirats
Capitale : Abu Dhabi
Superficie : 83 600 km²
Population : 1 400 000
Langue : arabe
Monnaie : dirham des émirats

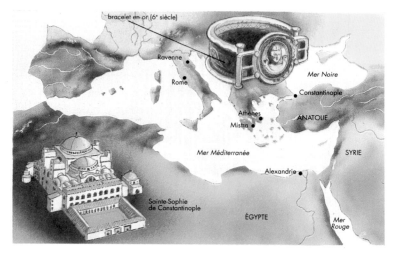

◀ *Au 6ᵉ siècle apr. J.-C., l'Empire byzantin contrôlait la plupart des régions situées autour de la mer Méditerranée orientale et de la mer Noire.*

Empire romain

Les Romains bâtirent un vaste empire autour de la mer Méditerranée entre le 3ᵉ siècle av. J.-C. et le 5ᵉ siècle apr. J.-C. (Voir pages 186-187.)

EMPIRE ROMAIN

L'histoire de l'Empire romain a commencé il y a 2 700 ans environ, dans un petit village qui surplombait le Tibre, dans l'actuelle Italie. Peuple de bergers, de cultivateurs et de guerriers, les Romains établirent en 509 av. J.-C. une république dotée d'une armée puissante. Ils entreprirent alors la conquête des villes voisines. Rome devint la capitale de cet État. Selon la légende, elle aurait été fondée par des frères jumeaux, Rémus et Romulus, élevés par une louve. On y trouvait le Forum, place publique et lieu de réunion, et le Sénat, ou assemblée. Après avoir connu des rois, Rome devint un république gouvernée par des consuls nommés par le Sénat. En 45 av. J.-C., Jules César se rendit seul maître de Rome. En 27 av. J.-C., son neveu Octave (ou Auguste) devint le premier empereur romain. Les Romains contrôlaient alors la majeure partie de l'Europe et les territoires autour de la mer Méditerranée. Ils imposèrent la paix et un gouvernement solide. Les Romains étaient d'habiles ingénieurs et on peut voir encore aujourd'hui les vestiges des routes, des murs et des bâtiments qu'ils ont construits dans toute l'Europe. En 364 apr. J.-C., l'Empire fut divisé : la partie occidentale était gouvernée par Rome et la partie orientale par Constantinople (Byzance). Rome commença alors à décliner. Ses armées luttèrent contre les attaques répétées des peuples germaniques. Vers 476, Rome tomba et, avec elle, tout l'Empire romain d'Occident. Seul subsista l'Empire d'Orient, sous le nom d'Empire byzantin.

► Les chars romains à deux roues étaient tirés par deux, trois ou quatre chevaux lors des courses organisées dans les cirques.

▼ Des ingénieurs romains bâtissant un aqueduc, pour transporter l'eau. La grue est une invention romaine. Le pont du Gard, dans le sud de la France, a été construit de cette façon. Il a trois étages et fait 48 m de haut.

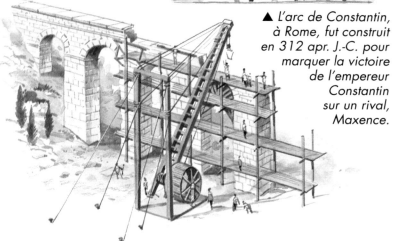

▲ L'arc de Constantin, à Rome, fut construit en 312 apr. J.-C. pour marquer la victoire de l'empereur Constantin sur un rival, Maxence.

HISTOIRE DE ROME

753	**av. J.-C.**	Fondation de Rome (selon la légende).
509	**av. J.-C.**	Les rois étrusques sont chassés de Rome et la république est fondée.
264	**av. J.-C.**	Première guerre Punique contre Carthage.
148	**av. J.-C.**	La Grèce est contrôlée par Rome.
73	**av. J.-C.**	Révolte des esclaves, menée par Spartacus.
44	**av. J.-C.**	Jules César est assassiné.
31	**av. J.-C.**	Octave (appelé ensuite Auguste) défait Marc Antoine et Cléopâtre.
64	**apr. J.-C.**	L'empereur Néron persécute les chrétiens après avoir fait incendier Rome.
150	**apr. J.-C.**	Apogée de la puissance romaine.
330	**apr. J.-C.**	Constantin, premier empereur chrétien, fonde Constantinople.
364	**apr. J.-C.**	Division de l'Empire.
410	**apr. J.-C.**	Les Wisigoths d'Alaric prennent Rome.
476	**apr. J.-C.**	Chute de l'Empire romain d'Occident.

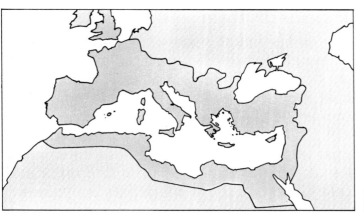

▶ Cette mosaïque a été retrouvée dans les ruines de Pompéi. Elle dit (en latin) : « Attention au chien ».

◀ Une pièce de monnaie romaine.

▲ Cette carte montre l'Empire romain à son apogée, en 117 apr. J.-C., à la mort de l'empereur Trajan.

▶ Un sénateur romain. Il porte une grande robe drapée appelée toge. La couleur de cette robe changeait selon le rang et l'âge de celui qui la portait.

◀ L'armée romaine a conquis un vaste territoire. Au centre se trouve un légat (général); à gauche un cavalier; à droite un légionnaire (soldat d'infanterie).

L'ARMÉE ROMAINE

Rome contrôlait son immense empire grâce à une armée puissante et disciplinée. Le corps principal de l'armée romaine était la légion. Chaque légion comprenait jusqu'à 6 000 soldats d'infanterie. Le soldat, ou légionnaire, était armé d'un javelot, d'un bouclier et d'une courte épée, le glaive. L'armée romaine avait aussi une cavalerie et des unités équipées de catapultes géantes.

Pour plus d'informations, voir les articles : CÉSAR, COLISÉE, HUNS, POMPÉI, ROME.

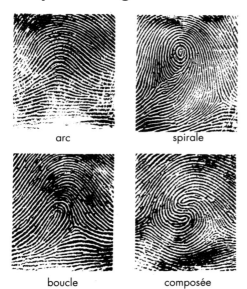

arc   spirale

boucle   composée

▲ *Les empreintes digitales sont classées en quatre groupes principaux.*

Dans certains pays, on prend les empreintes des pieds des bébés peu après leur naissance.
Les empreintes des pieds, comme les empreintes des doigts de la main, ne changent jamais et permettent ainsi d'identifier les nouveau-nés.

Empreinte digitale

Les empreintes digitales sont les marques laissées par les doigts lorsqu'ils touchent une surface. Chaque doigt de la main est couvert d'une peau solide et lisse qui montre des sillons arrondis. L'empreinte de chaque individu est unique. C'est pour cette raison que les empreintes sont recherchées par la police lors des enquêtes : en comparant les empreintes trouvées sur le lieu du crime avec celles des suspects, la police parvient souvent à retrouver le coupable.

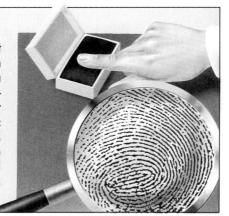

EXPÉRIENCE

Appuie doucement le bout de tes doigts sur un tampon encreur. Les sillons de ta peau seront couverts d'encre. Applique tes doigts sur une feuille de papier blanc et examine tes empreintes digitales à travers une loupe. Peux-tu dire à quel groupe tes empreintes appartiennent?

Énergie

L'énergie est ce qui permet d'assurer une activité. Elle peut être de deux sortes : cinétique ou potentielle. L'énergie cinétique est utilisée pour le mouvement; l'énergie potentielle est de l'énergie stockée. Par exemple, l'eau retenue par un BARRAGE possède une grande énergie potentielle. Une fois libérée, l'eau chute et perd alors son énergie potentielle, qui se transforme en énergie cinétique. Celle-

▶ *En bandant son arc, l'archer concentre une dose d'énergie potentielle. Lorsque la flèche part, cette énergie se change en énergie cinétique (énergie de la flèche en mouvement).*

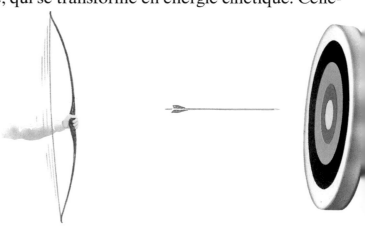

ci actionne les turbines et produit de l'électricité. L'énergie électrique obtenue est une forme d'énergie, tout comme l'énergie lumineuse (ou solaire), chimique, nucléaire ou la chaleur.

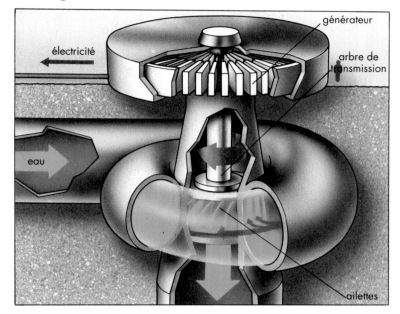

générateur

électricité

arbre de transmission

eau

ailettes

 La turbine est actionnée par l'eau du barrage. L'eau est projetée sur les palettes et exerce sur elles une forte pression. Celles-ci se mettent à tourner et entraînent un axe relié à un générateur qui produit de l'électricité.

Énergie hydroélectrique

Plus d'un quart de l'ÉLECTRICITÉ mondiale est produite grâce à l'énergie de l'eau. C'est l'énergie hydroélectrique. Les centrales hydroélectriques sont généralement situées près des BARRAGES. L'énergie hydroélectrique peut également être fournie par des chutes d'eau naturelles. L'eau est alors dirigée dans d'énormes tuyaux qui descendent le long de la paroi rocheuse. On appelle ces tuyaux des «conduites forcées».

Énergie nucléaire

Le minuscule noyau d'un ATOME contient l'énergie la plus grande que l'on ait jamais découverte. C'est l'énergie nucléaire, appelée aussi énergie atomique. Le combustible nucléaire utilisé dans les centrales nucléaires est une forme peu abondante d'URANIUM, appelée uranium 235.
Lorsqu'un noyau d'uranium 235 est bombardé par un neutron, il se brise en libérant d'autres neutrons. Ces neutrons bombardent à leur tour d'autres noyaux d'uranium et de nombreux

 Le nuage (ou champignon) atomique se forme lorsqu'une explosion atomique libère une énorme quantité d'énergie. Celle-ci est si importante qu'elle détruit tout sur de vastes territoires.

Énergie solaire

▶ *Une réaction en chaîne se produit si l'on bombarde un atome d'uranium 235. En se désintégrant, l'atome d'uranium émet des neutrons qui brisent d'autres atomes d'uranium. Cette réaction produit une immense quantité d'énergie.*

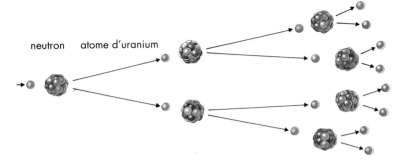

neutron   atome d'uranium

▼ *Dans une centrale nucléaire, l'énergie (sous forme de chaleur) de la réaction nucléaire contrôlée est utilisée pour fabriquer de la vapeur. La vapeur entraîne des turbines qui produisent de l'électricité de la même façon que n'importe quelle autre centrale électrique.*

atomes dégagent alors leur énergie en même temps. Si cette réaction n'est pas contrôlée, il se produit une formidable explosion : c'est ce qui se passe dans une bombe atomique.

La réaction nucléaire peut être contrôlée pour produire de l'ÉLECTRICITÉ.

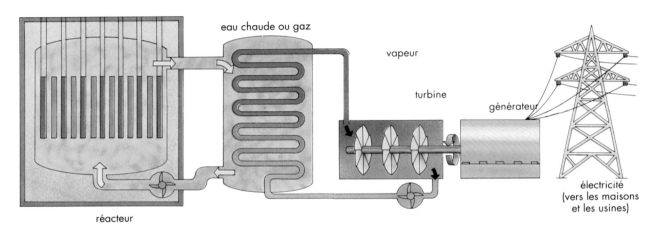

eau chaude ou gaz

vapeur

turbine

générateur

réacteur

électricité (vers les maisons et les usines)

▼ *On utilise des panneaux solaires pour récupérer l'énergie provenant du Soleil. Cette énergie peut être transformée en électricité ou tout simplement utilisée pour chauffer les maisons.*

Énergie solaire

L'énergie solaire est l'énergie provenant du Soleil. Elle atteint la Terre sous forme de lumière et de chaleur. Sans cette énergie, il ne pourrait pas y avoir de vie sur la Terre. L'énergie solaire, récupérée par des panneaux et des miroirs spéciaux, peut être transformée en ÉLECTRICITÉ.

Engrais

Les engrais sont des produits que l'on place dans la terre pour nourrir les plantes que l'on cultive. Ils sont soit naturels, comme le fumier, soit chimiques. Ils contiennent des substances qui aident les plantes dans leur croissance comme l'azote, le phosphore, le potassium ou le SOUFRE. Les terres s'appauvrissent par exemple lorsque le même type de culture est renouvelé tous les ans. Elles ont alors besoin d'engrais. Mais l'utilisation abusive d'engrais est source de pollution.

Engrenage

Un engrenage est constitué de roues dentées qui s'emboîtent les unes dans les autres. Une barre en métal, ou essieu, est fixée au centre de chaque roue. Si l'un des essieux tourne, sa roue tourne également et entraîne la deuxième roue qui fait, à son tour, tourner le deuxième essieu. Dans une boîte de vitesses, les engrenages sont utilisés pour multiplier ou réduire la vitesse à laquelle les roues tournent et ainsi mieux utiliser la puissance du moteur.

Enregistrement du son

En 1877, Thomas EDISON invente la première machine à enregistrer le SON : le phonographe. Aujourd'hui, les DISQUES sont produits en séries. Ils sont gravés à l'aide d'une aiguille spéciale qui inscrit les messages des signaux électroniques qu'elle reçoit. Pour l'enregistrement d'une cassette, les ondes sonores sont transformées en messages magnétiques inscrits sur la surface d'une bande plastique recouverte d'une substance magnétique. Quand on écoute un disque ou une cassette, le message est tout d'abord converti en signaux électriques, puis en vibrations d'air, ou sons, que nous pouvons entendre. Un tourne-disque lit les messages avec une aiguille appelée diamant. Dans un MAGNÉTOPHONE, la bande défile sur des têtes de lecture magnétiques qui reproduisent le son.

Épice

Les épices sont utilisées pour donner du goût aux aliments et aux boissons. Elles sont obtenues à partir de plantes séchées et ont souvent un goût et une odeur caractéristiques. La plupart des plantes qui fournissent des épices poussent dans les pays chauds comme l'Inde, l'Afrique et l'Indonésie. Des épices telles que le poivre, la cannelle, le safran ou

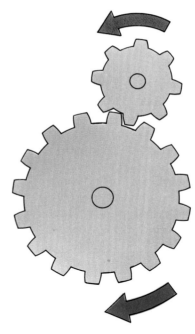

▲ Les roues tournent à des vitesses différentes selon le nombre de dents qu'elles possèdent. La grande roue, qui a deux fois moins de dents, tourne deux fois moins vite que la petite roue en sens inverse. Mais elle pourra exercer une force deux fois plus grande.

Au Moyen Âge, les épices avaient souvent une valeur plus grande que l'or ou les bijoux. La plupart des épices importées en Europe venaient d'Inde ou des îles Moluques. Elles étaient d'abord acheminées jusqu'au golfe Persique en bateau. Puis elles traversaient le Moyen-Orient en caravane, jusqu'à la mer Méditerranée ou la mer Noire et, de là, parvenaient en Europe. Après un tel voyage, on comprend pourquoi les épices valaient aussi cher !

Les éponges étaient déjà
présentes sur la Terre
il y a 600 millions d'années.
Une dizaine d'espèces
sont récoltées dans le monde.
Les meilleures proviennent
d'Extrême-Orient, des
Bahamas et de Méditerranée.
L'élevage des éponges
est très délicat ; elles sont
de moins en moins récoltées
à cause de la concurrence
des éponges artificielles.

▼ *L'Europe et l'Amérique du Nord
se trouvent toutes deux dans
l'hémisphère Nord. L'Australie
et presque toute l'Amérique du Sud
se situent dans l'hémisphère Sud.*

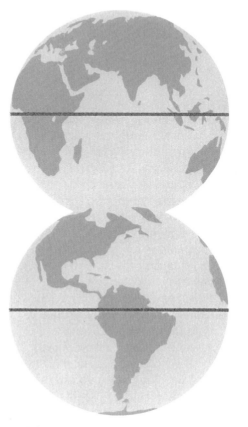

la noix de muscade sont généralement réduites en poudre avant d'être utilisées. On trouve des épices en France, comme l'anis et le fenouil.

Éponge

Les éponges sont des animaux aquatiques très simples. La plupart vivent dans les mers chaudes. Certaines espèces sont cependant adaptées aux eaux froides. L'éponge est une masse de chair spongieuse, pleine de petits canaux qui forment des trous à la surface du corps. Le squelette de certaines éponges est utilisé comme accessoire de bain, mais, de nos jours, les éponges sont le plus souvent en matière synthétique.

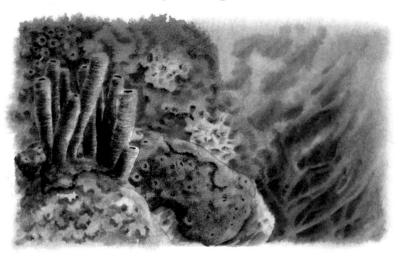

Équateur

L'équateur est une ligne imaginaire autour de la TERRE, à mi-chemin entre le pôle Nord et le pôle Sud. Cette ligne fait 40 076 km : elle correspond à la circonférence de la Terre. Le mot équateur vient d'un mot latin signifiant « rendre égal » : cette ligne divise le monde en deux parties égales. La partie nord s'appelle hémisphère Nord et la partie sud hémisphère Sud. Les distances au nord et au sud de l'équateur se mesurent en degrés de LATITUDE, à partir de l'équateur, jusqu'aux pôles. L'équateur lui-même est donc situé à la latitude 0. Près de l'équateur, les nuits sont aussi longues que les jours. C'est là aussi que se trouvent les régions les plus humides de la planète.

Équateur (pays)

L'Équateur est un pays situé dans le nord-ouest de l'Amérique du Sud. Il possède les îles Galapagos, dans l'océan Pacifique. Un tiers de la population vit dans les vallées des hautes montagnes où sont élevés des moutons et des lamas. Les principales ressources sont les bananes, le cacao, le café, le riz, le sucre et également le pétrole.
L'Équateur a été déchiré par plusieurs rébellions au cours de son histoire et a connu des dictatures civiles et militaires. Depuis 1979, le pays est dirigé par un gouvernement démocratique.

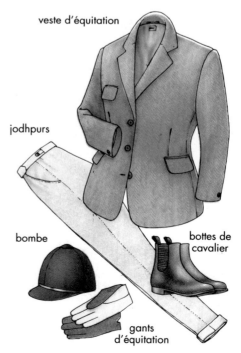

ÉQUATEUR

Régime : république
Capitale : Quito
Superficie : 270 000 km²
Population : 10 200 000
Langue : espagnol
Monnaie : sucre

Équitation

Les hommes pratiquent l'équitation depuis très longtemps. Les chevaux ont été l'un des premiers moyens de transport, mais, aujourd'hui, l'équitation est plutôt pratiquée comme sport. Il existe plusieurs épreuves telles que le concours de saut d'obstacles, le concours complet et le dressage.
L'équitation est un sport qui demande de la patience et de l'entraînement. Un cavalier doit savoir donner des ordres à son cheval. Il peut, pour cela, utiliser différentes techniques faisant intervenir les mains, les cuisses, la voix ou la cravache et les éperons.

▼ *Pour pratiquer l'équitation, les vêtements doivent être pratiques et confortables.*

veste d'équitation

jodhpurs

bombe

bottes de cavalier

gants d'équitation

Escargot

Les escargots sont des MOLLUSQUES dotés d'une coquille calcaire en spirale. Dans le monde, il en existe plus de 80 000 espèces. Les escargots se déplacent lentement, en laissant derrière eux une bave visqueuse. Ils se nourrissent de plantes et peuvent donc être nuisibles aux cultures.

Esclavage

Dans les civilisations anciennes, les prisonniers capturés pendant la guerre ou les peuples conquis étaient réduits en esclavage. Ces prisonniers étaient vendus et devenaient alors la propriété de l'acheteur qui les faisait travailler pour lui. Toute l'économie était fondée sur le travail des esclaves. À partir du 16e siècle, les Européens envoyèrent des Africains travailler comme esclaves en Amérique. La France abolit l'esclavage tout d'abord pendant la RÉVOLUTION, puis définitivement en 1848 grâce à l'action de Victor Schœlcher. Aux États-Unis, il fut aboli en 1865.

▶ *Les conditions de vie des personnes réduites en esclavage et vendues étaient épouvantables. Beaucoup mouraient sur les bateaux qui les emmenaient d'Afrique jusqu'aux Amériques.*

Escrime

L'escrime est un sport qui oppose deux hommes ou deux femmes munis chacun d'un fleuret, d'une épée ou d'un sabre. Les escrimeurs se battent avec des épées à pointe arrondie. Le vainqueur est celui qui marque le plus de points en touchant son adversaire au cours de l'assaut.

Espagne

L'Espagne se situe dans la péninsule Ibérique, au-delà des PYRÉNÉES. Le relief du pays est constitué en grande partie de plateaux, de montagnes et de plaines côtières. L'Espagne produit du vin, des fruits et des légumes, de l'huile et des agrumes. La pêche et le tourisme jouent un rôle important dans l'économie. Les deux principales régions industrielles sont le pays Basque et la Catalogne, dans le nord du pays. Après une longue période de dictature sous le général Franco, puis le retour à la démocratie en 1978, l'Espagne est entrée dans la COMMUNAUTÉ ÉCONOMIQUE EUROPÉENNE en 1986. (Voir aussi encadré page 195.)

▼ *Les escrimeurs portent pour se protéger des masques en mailles de fer, une combinaison épaisse et des gants rembourrés.*

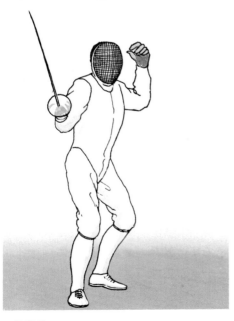

Esquimau

Les Esquimaux sont un peuple vivant dans les régions froides du Groenland, de l'Amérique du Nord et du nord-est de l'Asie. Ils habitaient dans des tentes en été et construisaient en hiver des maisons en neige appelées igloos. Ils chassaient le phoque, le cerf et pêchaient du poisson. Les Esquimaux se déplaçaient avec des kayaks ou en traîneaux tirés par des chiens. Mais ils sont de moins en moins nombreux à vivre ainsi; beaucoup habitent désormais dans les villes.

Étain

L'étain est l'un des plus anciens métaux que l'homme ait utilisés. Il était exploité dans les mines avant que le fer ne soit découvert. On le mélangeait au CUIVRE pour obtenir du bronze. L'étain ne rouille pas et est encore utilisé pour fabriquer des emballages (tubes et boîtes de conserve). On le trouve surtout dans les mines de Bolivie, d'Asie du Sud-Est et d'Afrique occidentale.

États-Unis d'Amérique

Les États-Unis d'Amérique sont le quatrième pays du monde par leur superficie, après l'Union soviétique, le Canada et la Chine. Le pays est composé de 50 États, dont 49 sont situés en Amérique du Nord. Le dernier, Hawaii, se trouve dans le Pacifique. Les États-Unis s'étendent de l'Atlantique au Pacifique. Une longue chaîne montagneuse s'étire le long de la côte Pacifique, les MONTAGNES ROCHEUSES, qui vont du Canada jusqu'au Mexique. L'intérieur du pays est le domaine des vastes plaines.

Les États-Unis sont une nation jeune : en effet, c'est en 1776 que les 13 colonies de l'Angleterre en Amérique du Nord se sont déclarées indépendantes. Le premier président, George WASHINGTON, fut élu en 1789. Entre 1861 et 1865, une guerre civile, la GUERRE DE SÉCESSION, opposa les États du Sud, qui défendaient l'esclavage, aux États du Nord, qui voulaient l'abolir. Les États du

ESPAGNE

Régime : monarchie
    constitutionnelle
Capitale : Madrid
Superficie : 505 000 km²
Population : 39 000 000
Langue : espagnol
Monnaie : peseta

ÉTATS-UNIS D'AMÉRIQUE

Régime : république fédérale
Capitale : Washington
Superficie : 9 400 000 km²
Population : 241 000 000
Langue : anglais
Monnaie : dollar américain

Éthiopie

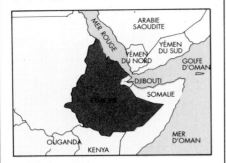

ÉTHIOPIE

Régime : république populaire
Capitale : Addis Abeba
Superficie : 1 222 000 km²
Population : 44 000 000
Langue : amharique
Monnaie : dollar éthiopien

Nord gagnèrent la guerre et l'ESCLAVAGE fut aboli. Entre 1870 et 1900, des millions d'Européens émigrèrent aux États-Unis. La capitale est Washington, mais New York est la plus grande ville.

Les États-Unis sont l'un des pays les plus riches du monde. L'agriculture produit d'immenses quantités de blé, de maïs, de soja et de coton. Ses principales ressources minérales sont le charbon, le pétrole, le cuivre, le plomb et l'uranium. Le pays est également le premier producteur d'automobiles et de produits chimiques. C'est la première puissance militaire du monde.

Éthiopie

L'Éthiopie est située dans le nord-est de l'Afrique. Le centre du pays est occupé par de hauts plateaux où les paysans cultivent des céréales et du café. Le sud et le nord de l'Éthiopie sont des régions désertiques. Depuis des années, l'Éthiopie souffre d'une guerre civile et de la sécheresse qui ont provoqué la FAMINE dans tout le pays.

Étoiles

De la Terre, on ne peut voir dans le ciel que quelques-unes des milliards d'étoiles éparpillées dans l'espace. Elles nous semblent petites car elles

▶ Ce schéma montre comment les étoiles sont classées selon leur luminosité. Les étoiles « phare » sont des géantes bleues (grandes et très chaudes). Les étoiles « allumette » sont naines et rouges. Le Soleil est l'étoile « lampe de bureau ». Si une géante bleue se trouvait au centre de notre système solaire, elle ferait fondre la Terre et bouillir la glace qui recouvre les planètes les plus éloignées.

brillante	20 000 °C bleu-blanc	10 000 °C blanche	6 000 °C jaune	4 500 °C orange	3 000 °C rouge
	○				
		○			
			○		
				○	
pâle					○

sont très éloignées. La plupart sont des boules de gaz brûlantes, aussi grandes que le SOLEIL.

À l'origine, les étoiles sont des nuages de gaz. Au centre de chaque nuage, les particules de gaz entrent en collision et produisent de la chaleur. Les atomes d'hydrogène se changent en atomes d'hélium par un processus appelé la fusion nucléaire. Ce processus dégage de l'ÉNERGIE NUCLÉAIRE. C'est ce qui fait briller les étoiles.

Étoile de mer

Les étoiles de mer sont des animaux marins invertébrés. Elles possèdent en général cinq bras dotés de petites ventouses. Elles se nourrissent de moules, d'huîtres ou d'oursins en utilisant leurs ventouses pour ouvrir la coquille. L'étoile de mer sort alors, par la bouche, une partie de son estomac qui se glisse dans la coquille et avale la moule.

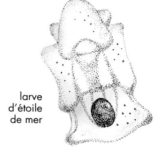

larve
d'étoile
de mer

▲ La larve d'une étoile de mer ne ressemble en rien à l'adulte qu'elle deviendra. Elle flotte dans la mer avec les autres animaux qui font partie du plancton.

Europe

L'Europe est une péninsule qui prolonge l'Asie. Elle s'étend de l'Atlantique à l'Oural. Composée de 34 pays, elle constitue le plus petit des cinq continents, mais le plus peuplé après l'Asie.

Le sud de l'Europe est traversé d'ouest en est par une suite de chaînes de montagnes : les Pyrénées, les Alpes, les Apennins, les Balkans, les Carpates. À l'est de la mer Noire, on trouve le Caucase, avec le point culminant de l'Europe, le mont Elbrous, à la limite de l'Asie. Au nord, les montagnes plus anciennes sont plus basses. Entre les montagnes du nord et du sud s'étendent de grandes plaines où coulent les plus longs fleuves du continent : Rhin, Danube, Loire, Elbe, Volga. Les régions de la Méditerranée ont des étés chauds et les pays du nord de longs hivers froids. La végétation, dans le nord, est composée d'arbustes et de plantes fleuries. Puis viennent les grandes forêts de CONIFÈRES et, plus au sud, les plaines fertiles où se trouvent la plupart des villes et des exploitations agricoles. Le sud, autour de la Méditerranée, est couvert d'une végétation plus sèche et les terres sont moins fertiles.

▼ En Europe, il n'y a presque pas de région totalement désertique. Aussi, la majeure partie des terres est-elle cultivable. Les réserves en charbon et en fer constituent un atout précieux pour l'industrie.

Europe

Océan   Arctique

Mourmansk

ISLANDE

Reykjavik

Mer de
Norvège

Narvik

Arkhangelsk

Iles
Féroé

Trondheim   SUÈDE   FINLANDE

Iles
Shetlands

NORVÈGE

Tampere

Lac
Onega

Sundsvall

Vyborg

Iles
Orcades

Bergen

Oslo

Helsinki

Lac Ladoga

Leningrad

Aberdeen

Stavanger

Lac
Vänern

Stockholm

Iaroslav

Glasgow

Mer du Nord

Lac
Vättern

Novgorod

Edimbourg

Göteborg

Moscou

Belfast
Ulster   GRANDE
IRLANDE   BRETAGNE

DANEMARK

Riga

Smolensk

Dublin

Copenhague

Mer
Baltique

Dvina

Manchester

Hambourg

Gdansk

Kaliningrad

UNION DES RÉPUBLIQUES
SOCIALISTES SOVIÉTIQUES

Birmingham

PAYS
BAS

Minsk

Cork

Cardiff

Londres

Amsterdam

Poznan

Varsovie

Brest

Manche

Tamise

Rhin

RFA

Berlin

POLOGNE

Kiev

Kharkov

Bruxelles

Bonn

RDA

Dniepr

Le Havre

BELGIQUE

Francfort

Cracovie

Dniepropetrovsk

Océan

Paris

LUXEMBOURG

Prague

Dniestr

Nantes

Loire

Seine

Stuttgart

TCHÉCOSLOVAQUIE

Carpates

Odessa

Atlantique

Saône

Berne

Munich

Vienne

Prut

La Corogne

FRANCE

Genève

Zürich

AUTRICHE

Budapest

Santander

Bordeaux

Lyon

SUISSE

Pô

HONGRIE

Bilbao

Toulouse

Rhône

Alpes

Milan

Zagreb

ROUMANIE

Mer   Noire

Porto

Valladolid

Turin

LICHTENSTEIN

Bucarest

PORTUGAL

ANDORRE

MONACO

Venise

Trieste

Belgrade

Pyrénées

Nice

SAINT MARIN

YOUGOSLAVIE

Danube

Marseille

Florence

Dubrovnik

BULGARIE

ESPAGNE

Tage

Madrid

Vallence

Barcelone

Corse

ITALIE

Sofia

Istanbul

Lisbonne

Ajaccio

Rome

ALBANIE

TURQUIE

Seville

Iles
Baléares

Naples

Bari

Tirana

Thessalonique

Cadix

Malaga

Sardaigne

Tarente

GRÈCE

Gibraltar

Cagliari

Palerme

Messine

Athènes

Sicile

Crète

Malte

Mer   Méditerranée

■ Capitales

0   100 200 300   400 miles

0   200   400   600 kilomètres

198

L'Europe est le continent le plus riche et connaît des transformations politiques importantes avec la création et le développement de la COMMUNAUTÉ ÉCONOMIQUE EUROPÉENNE. Les nations les plus prospères sont l'Allemagne de l'Ouest, la Suisse et les pays Scandinaves.

Évolution

La théorie de l'évolution, proposée par Charles DARWIN en 1859, explique que les animaux et les plantes actuels sont issus d'espèces très anciennes. Ce long processus de transformations a commencé lorsque la vie est apparue sur la Terre, il y a des millions d'années, et continue encore aujourd'hui. Les roches conservent les traces d'espèces disparues (les FOSSILES) et permettent de reconstituer l'arbre généalogique des espèces animales et végétales. (Voir page 200.)

Explorateur

De tout temps les hommes sont partis à la découverte de régions inconnues. Les Phéniciens naviguaient en mer Méditerranée il y a 2 600 ans. Au Moyen Âge, MARCO POLO parvint en Chine.
Mais la grande époque des explorateurs débuta au 15e siècle. Des marins comme Vasco de GAMA, Christophe COLOMB, Ferdinand MAGELLAN, puis au 18e siècle James COOK découvrirent de nouveaux continents au cours de leurs voyages. Plus tard, David Livingstone, Roald AMUNDSEN et d'autres explorèrent l'Afrique équatoriale ou les déserts de glace de l'Antarctique.

Explosif

Une explosion se produit lorsque l'on chauffe certaines substances solides (poudre) ou liquides (acides). Ces substances se transforment alors en GAZ qui s'échappent violemment des récipients qui les contiennent. Les explosifs sont utiles, par exemple, dans les carrières, pour faire sauter des rochers (dynamite). Ils sont bien sûr très utilisés durant les guerres (bombes, missiles).

EUROPE

Superficie : 10 532 000 km²
(7 % de la superficie totale de la Terre)
Population : 690 000 000
(14 % de la population mondiale)
Point culminant : mont Elbrous, 5 633 m
Point le plus bas : mer Caspienne, 28 m au-dessous du niveau de la Méditerranée
Plus long fleuve : Volga, 3 700 km
Plus grand lac : lac Lagoda (Union soviétique), 18 388 km²
Point le plus au nord : cap Nord (Norvège)
Point le plus à l'ouest : Dunmore Head (Irlande)
Point le plus à l'est : montagnes de l'Oural
Point le plus au sud : île de Crète

▲ Le cheval que nous connaissons est le résultat d'une lente évolution commencée il y a environ 65 millions d'années. Son ancêtre n'était pas plus gros qu'un chien.

Le 30 avril 1978, Neomi Uemura, un explorateur japonais, est devenu la première personne à atteindre seul le pôle Nord. Son voyage sur un traîneau tiré par des chiens dura 54 jours pendant lesquels il fut plusieurs fois attaqué pas des ours polaires.

Évolution

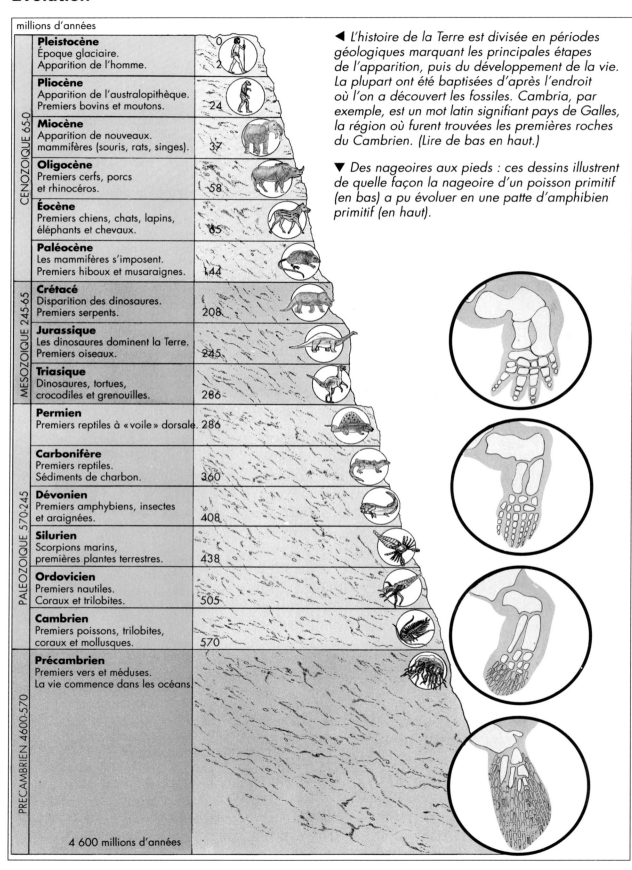

millions d'années

CENOZOÏQUE 65-0	**Pleistocène** Époque glaciaire. Apparition de l'homme.	0 / 2
	Pliocène Apparition de l'australopithèque. Premiers bovins et moutons.	24
	Miocène Apparition de nouveaux. mammifères (souris, rats, singes).	37
	Oligocène Premiers cerfs, porcs et rhinocéros.	58
	Éocène Premiers chiens, chats, lapins, éléphants et chevaux.	65
	Paléocène Les mammifères s'imposent. Premiers hiboux et musaraignes.	144
MÉSOZOÏQUE 245-65	**Crétacé** Disparition des dinosaures. Premiers serpents.	208
	Jurassique Les dinosaures dominent la Terre. Premiers oiseaux.	245
	Triasique Dinosaures, tortues, crocodiles et grenouilles.	286
PALÉOZOÏQUE 570-245	**Permien** Premiers reptiles à «voile» dorsale.	286
	Carbonifère Premiers reptiles. Sédiments de charbon.	360
	Dévonien Premiers amphybiens, insectes et araignées.	408
	Silurien Scorpions marins, premières plantes terrestres.	438
	Ordovicien Premiers nautiles. Coraux et trilobites.	505
	Cambrien Premiers poissons, trilobites, coraux et mollusques.	570
PRÉCAMBRIEN 4600-570	**Précambrien** Premiers vers et méduses. La vie commence dans les océans.	

4 600 millions d'années

◄ L'histoire de la Terre est divisée en périodes géologiques marquant les principales étapes de l'apparition, puis du développement de la vie. La plupart ont été baptisées d'après l'endroit où l'on a découvert les fossiles. Cambria, par exemple, est un mot latin signifiant pays de Galles, la région où furent trouvées les premières roches du Cambrien. (Lire de bas en haut.)

▼ Des nageoires aux pieds : ces dessins illustrent de quelle façon la nageoire d'un poisson primitif (en bas) a pu évoluer en une patte d'amphibien primitif (en haut).

Fable

Les fables sont de petits CONTES dont les personnages principaux sont presque toujours des animaux qui parlent et agissent comme des hommes. Ces contes donnent toujours une leçon de morale. Les fables d'Ésope, un conteur grec de l'Antiquité, sont parmi les plus célèbres. *Le Corbeau et le Renard* ou *la Cigale et la Fourmi* ont été reprises plus tard par LA FONTAINE.

Famine

Il arrive qu'un pays manque d'aliments pour nourrir tous ses habitants. Ceux-ci souffrent et meurent parfois de faim : c'est ce que l'on appelle la famine. En Afrique ou en Asie, les peuples de nombreux pays en voie de développement sont victimes de la famine. Cette situation peut se déclarer lorsque la sécheresse ou un autre fléau (invasion d'insectes, guerre) détruit les récoltes.

Fascisme

Le fascisme est une doctrine politique qui est apparue au 20ᵉ siècle. Cette doctrine insiste sur le fait que les hommes doivent être totalement soumis à l'État et que son chef est infaillible. Les fascistes imposent une discipline très stricte à toute la population. En 1920, Benito MUSSOLINI fonda le fascisme en Italie. Chef du parti fasciste italien, il prit le pouvoir en 1922 et établit un gouvernement autoritaire. En 1933, Adolf HITLER fit de même en Allemagne et il interdit tous les autres partis politiques. De nombreuses personnes furent emprisonnées, exilées ou condamnées à mort parce qu'elles n'étaient pas d'accord.

▼ Le merlin est un des plus petits faucons. Il vole bas et vite quand il poursuit des oiseaux plus petits que lui.

Faucon

Les faucons sont des oiseaux de proie que l'on trouve dans le monde entier. On les reconnaît à leurs marques noires autour des yeux et à leurs ailes en pointe. Les faucons se servent de leur grand bec crochu pour dévorer leurs victimes

Fer et acier

▼ *La fabrication du fer dans un haut fourneau.* *Le minerai de fer est mélangé avec du coke (qui fournit la chaleur et le carbone nécessaire à la transformation du fer en fonte ou en acier) et de la chaux, puis chauffé à très haute température. On obtient dans un premier temps de la fonte, qui peut être transformée ensuite en acier.*

La fabrication de l'acier.
Le convertisseur est rempli avec de la ferraille et de la fonte (1). L'oxygène injecté dans le fourneau produit suffisamment de chaleur pour brûler les impuretés (2). L'acier fondu est coulé en lingots (3).

qu'ils tuent avec leurs serres puissantes. Ils se nourrissent de petits oiseaux qu'ils attrapent en plein vol, de rongeurs et d'autres petits animaux. Le faucon pèlerin est l'un des oiseaux les plus rapides du monde : il peut atteindre 200 km/h.

Fer et acier

Le fer est l'un des métaux les moins chers et les plus utiles. Il sert à la fabrication de nombreux outils et de machines. Il est extrait du sol sous forme de minerai de fer. Celui-ci est traité dans des hauts fourneaux. L'acier est un ALLIAGE très dur utilisé pour fabriquer des ponts, des câbles… Par un traitement spécial, l'acier peut être rendu inoxydable, c'est-à-dire qu'il ne rouille pas.

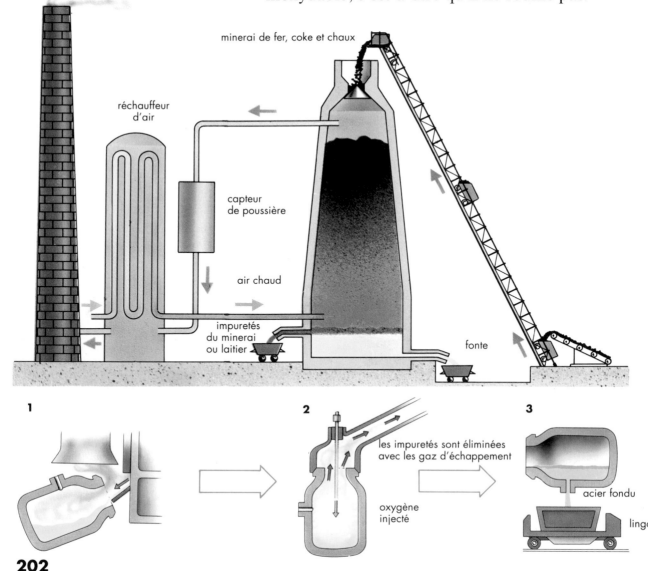

minerai de fer, coke et chaux

réchauffeur d'air

capteur de poussière

air chaud

impuretés du minerai ou laitier

fonte

1

2
les impuretés sont éliminées avec les gaz d'échappement

oxygène injecté

3
acier fondu

lingot

Fermentation

Le lait coagule, la pâte du pain lève, le jus de raisin se transforme en vin. Ces phénomènes sont dus à la fermentation produite par des bactéries ou des minuscules champignons, plus gros que les bactéries, comme les LEVURES ou les MOISISSURES. Le procédé de la fermentation est utilisé depuis longtemps pour faire du pain, du vin, du fromage. Mais ce n'est qu'au 19ᵉ siècle que Louis PASTEUR a découvert l'explication de ce phénomène.

Feu

L'usage du feu est l'une des grandes étapes de l'histoire de l'homme. Les peuples primitifs craignaient le feu avant de savoir l'utiliser. Mais une fois qu'ils apprirent à le contrôler, le feu devint un élément essentiel de leur vie. Il leur permettait de se protéger du froid, de cuire leurs aliments et d'effrayer les animaux.

Feu d'artifice

Les feux d'artifice sont des spectacles de nuit et de plein air. Des petites fusées remplies de poudre explosent dans le ciel en produisant des formes et des couleurs très variées. Inventés en Chine, ils n'ont été importés en Europe qu'au 14ᵉ siècle.

Feuille

Les feuilles sont les usines énergétiques des PLANTES qui en sont pourvues. Pour fabriquer leur nourriture, les feuilles ont besoin de lumière, de dioxyde de carbone et d'eau. La lumière provient du soleil et le dioxyde de carbone de l'air. Celui-ci pénètre dans une feuille à travers des petits trous appelés stomates. L'eau est aspirée par les racines et circule dans la tige jusqu'aux feuilles à travers de minuscules conduits appelés vaisseaux. À l'intérieur de la feuille se trouve la chlorophylle, un pigment vert. La chlorophylle capte la lumière, qu'elle transforme en énergie chimique. Ce procédé s'appelle la photosynthèse.

▲ *Autrefois, les hommes découvrirent que deux silex frottés l'un contre l'autre produisaient une étincelle. Grâce aux silex, ils étaient donc capables de faire du feu. Plus tard, le silex fut frotté contre un morceau d'acier pour obtenir une étincelle que l'on utilisait, cette fois, pour allumer la mèche des premières armes à feu.*

EXPÉRIENCE

Prends l'empreinte d'une feuille en frottant doucement le dos de la feuille avec du cirage ou de la peinture. Pose la feuille, côté peint vers le bas, sur du papier et couvre-la avec une autre feuille de papier. Frotte bien la feuille et tu obtiendras l'empreinte des nervures. Autre méthode pour reproduire la feuille par frottement : pose une feuille de papier propre sur une feuille et frotte fermement avec un crayon à papier ou un crayon de couleur. Le dessin de la feuille apparaîtra.

Fibre optique

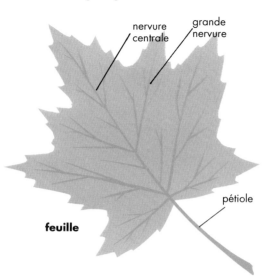

nervure centrale

grande nervure

pétiole

feuille

▲ *La plupart des feuilles ont les mêmes caractéristiques. Les nervures sont très importantes car elles apportent l'eau et les éléments nutritifs à la feuille qui les transforme en nourriture assimilable par la plante.*

▶ *Une gerbe de fibres optiques multicolores. Chacune a une épaisseur d'environ 10 à 150 microns, c'est-à-dire 10 à 150 millièmes de millimètre.*

FIDJI

OCÉAN PACIFIQUE

ÎLES SALOMON

PAPOUASIE-Nlle GUINÉE

FIDJI

AUSTRALIE

NOUVELLE-ZÉLANDE

Régime : république
Capitale : Suva
Superficie : 18 300 km²
Population : 750 000
Langues : anglais, fidjien
Monnaie : dollar fidjien

À l'automne, beaucoup d'arbres perdent leurs feuilles. On les appelle feuilles caduques. Les aiguilles des conifères, comme les pins et les sapins, sont aussi des feuilles. Mais elles ne tombent pas selon les saisons et sont appelées feuilles persistantes.

Fibre optique

Une fibre optique se présente sous la forme d'un brin constitué de nombreux fils de verre très fins et flexibles. La construction des fibres optiques exige l'emploi d'un verre extrêmement pur, conçu pour réfléchir la lumière. La silice contenue dans les fibres optiques permet de transmettre les rayons lumineux. On les utilise par exemple pour diffuser des images télévisées, ou encore pour les communications téléphoniques car elles sont beaucoup plus efficaces que les câbles en cuivre.

Fidji

Fidji est un pays formé de plusieurs centaines d'îles dans l'océan Pacifique. Les îles Fidji sont devenues une colonie anglaise en 1874 et ont accédé à l'indépendance en 1970. La première richesse du pays est le sucre et le tourisme. Les descendants des Indiens amenés pour travailler dans les plantations sont aujourd'hui plus nombreux que les Fidjiens d'origine. La tension entre les deux communautés a provoqué des heurts.

Finlande

La Finlande est un pays d'Europe du Nord, voisin de la Suède, de la Norvège et de l'URSS. Une partie de son territoire se trouve au-delà du cercle polaire. Des milliers de lacs et de fleuves parsèment le paysage finlandais. Les trois quarts du pays sont couverts de forêts de pins, d'épicéas et de bouleaux. La fabrication des produits dérivés du bois, comme la pâte à papier, occupe la place la plus importante dans l'industrie finlandaise. Longtemps occupée par les Suédois, puis par les Russes, la Finlande a proclamé son indépendance en 1917.

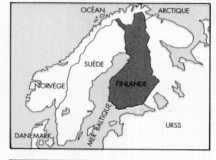

FINLANDE

Régime : république
Capitale : Helsinki
Superficie : 338 000 km²
Population : 4 950 000
Langues : finnois et suédois
Monnaie : markka

Fjord

Le long des côtes de la Norvège et du Groenland on trouve des vallées bordées de falaises escarpées appelées des fjords. Des langues d'eau serpentent à l'intérieur d'étroites gorges bordées par la montagne, sur des dizaines de kilomètres. Les fjords se sont formés lorsque les immenses glaciers de l'époque glaciaire ont creusé des vallées en allant se jeter dans la mer. À mesure que la glace a fondu, la mer inondait les vallées.

▼ *La côte de la Norvège est découpée par de très nombreux fjords. Certains ont des parois rocheuses de plusieurs centaines de mètres de hauteur.*

▲ *Les flamants sont des animaux craintifs qui vivent généralement en colonies.*

l'une des plantes à fleurs qui poussent le plus lentement est le saguaro, un cactus de l'Arizona. Il ne dépasse pas 3 cm les dix premières années, mais peut vivre 200 ans et atteindre 15 m de haut. Cette plante stocke l'eau dans sa tige. Pendant la saison sèche, l'eau s'épuise et la plante rétrécit. Elle se gonfle à nouveau dès que la pluie tombe et peut alors absorber jusqu'à une tonne d'eau.

▶ *Coupe d'une fleur. Elle est fécondée lorsque le pollen de l'anthère s'unit avec un ovule de l'ovaire. L'ovule devient une graine qui donnera ensuite naissance à une nouvelle plante.*

Flamant

Les flamants sont des oiseaux que l'on rencontre dans les régions tropicales et méditerranéennes. Ces échassiers au plumage rose vivent en grandes colonies dans les marais et les lacs peu profonds. Doté de longues pattes et d'un long cou, le flamant peut atteindre près de 2 m. Ces oiseaux élégants se nourrissent de plantes et d'animaux microscopiques en plongeant la tête sous l'eau. Leur grand bec crochu muni de lamelles cornées leur sert à filtrer la nourriture.

Flamme

Les flammes sont formées par des gaz chauds qui se dégagent quand un objet combustible brûle. La plupart des flammes sont lumineuses car elles comportent des particules de CARBONE qui les font briller. La chaleur varie selon le combustible : la flamme du bois a une température d'environ 1 000 °C; celle d'un chalumeau atteint 3 000 °C.

Fleur

Il existe environ 250 000 sortes de plantes à fleurs dans le monde, aux couleurs et aux formes extrêmement variées. Les fleurs ont toutes le même rôle à jouer : elles contiennent les organes de reproduction de la plante. Certaines possèdent à la fois les organes mâles (étamines) et l'organe femelle (pis-

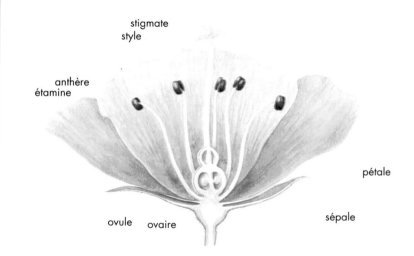

stigmate
style

anthère
étamine

pétale

sépale

ovule   ovaire

til). D'autres sont soit mâle, soit femelle. Les étamines sont de fines tiges terminées par un sac qui contient des centaines de grains de couleur jaune appelés pollen. Ces grains de pollen, dispersés par le vent ou transportés par les abeilles, pourront féconder le pistil d'une autre fleur. Un FRUIT, qui résulte de la fécondation d'un ovule par un grain de pollen, commence ensuite à se former et à pousser.

Fleuve

Les fleuves sont des cours d'eau qui se jettent dans la MER ou l'OCÉAN. Ils sont formés par la réunion de plusieurs rivières. À l'embouchure, ils se divisent parfois en différents bras et dessinent un DELTA. Les plus grands fleuves du monde sont l'AMAZONE, le MISSISSIPPI et le NIL. Ils arrosent tous de vastes étendues de terre et sont essentiels pour la fertilité des régions. Le bassin de l'Amazone, par exemple, couvre une région plus importante que toute l'Europe de l'Ouest.

Les fleuves servent de voies de communication aux bateaux qui peuvent naviguer loin à l'intérieur des terres. Dans les forêts tropicales, ce sont souvent les seules voies d'accès praticables.

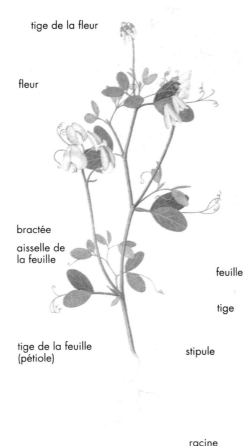

▲ *Parties d'une plante à fleurs.*

tige de la fleur

fleur

bractée

aisselle de
la feuille

feuille

tige

tige de la feuille
(pétiole)

stipule

racine

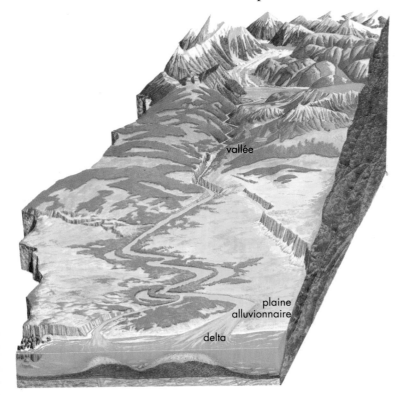

vallée

plaine
alluvionnaire

delta

◀ *Au cours des siècles, les fleuves ont creusé des vallées en allant se jeter dans la mer. À partir d'un petit ruisseau alimenté par la fonte des neiges, ils grossissent, s'élargissent et ramassent des minéraux et d'autres dépôts dans leur course. Ces dépôts tombent au fond lorsque le fleuve ralentit à l'approche de la mer. Ils forment alors de larges deltas.*

207

▲ *Dans le football, les joueurs n'ont pas le droit de se servir de leurs mains et doivent surtout compter sur leur agilité et leur rapidité pour gagner.*

▶ *Les dimensions d'un terrain de football.*

Foie

Le foie est un organe triangulaire à la surface lisse, situé sous le diaphragme, sur le côté droit du corps. Plus gros que l'estomac, il produit notamment la bile, qui simplifie les graisses que nous absorbons. Il pèse de 1,5 à 2 kg chez l'adulte.

Football

Le football est un sport pratiqué dans le monde entier. Il se joue entre deux équipes de 11 joueurs. Les équipes marquent un point à chaque fois qu'elles envoient un ballon rond dans le but de l'équipe adverse. Les joueurs, mis à part le gardien de but, n'ont pas le droit de toucher le ballon avec les mains ou les bras.

Le football américain utilise un ballon ovale et ressemble plus au RUGBY. Le jeu consiste à porter le ballon au-delà de la ligne de but.

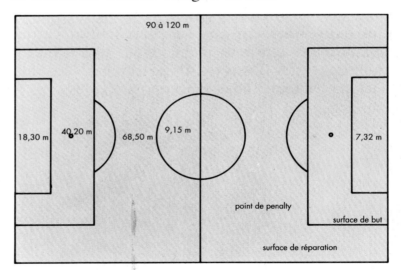

Forêt

Les forêts sont de grandes surfaces recouvertes d'arbres. Les forêts chaudes et humides se trouvent près de l'ÉQUATEUR. Sous ce climat, de nombreuses espèces d'arbres et de plantes poussent très rapidement. À certains endroits, les arbres sont tellement rapprochés qu'ils forment une voûte et empêchent le soleil de passer. Les forêts de conifères se trouvent généralement dans les régions froides du nord. Ces forêts sont le plus souvent constituées d'une seule espèce d'arbres, à FEUILLES persistantes, comme les sapins ou les épicéas. Dans les régions tempérées, les forêts sont constituées d'arbres à FEUILLES caduques, comme les chênes et les hêtres. La forêt représente une source de richesse économique pour de nombreux pays qui exploitent le bois (construction, pâte à papier).

Fossile

Les fossiles sont des restes ou des empreintes d'animaux ou de plantes laissés dans la roche. Ces empreintes peuvent être celles d'une coquille, d'une dent, d'une feuille ou d'un squelette entier. La fossilisation a lieu lorsque des restes animaux ou végétaux ont été enfouis et conservés dans certains types de terrains, au fond de la mer ou sur la terre ferme. Lorsque ces restes se sont progressivement dissous sous l'action de l'eau, les minéraux ont conservé leur empreinte.

Les fossiles sont restés enterrés jusqu'à ce que les mouvements de la croûte terrestre les poussent vers la surface. Avec le temps, l'eau, la glace et le vent ont érodé la roche et les fossiles se sont trouvés exposés. Les fossiles les plus anciens ont plus de 300 millions d'années. Il existe une fossilisation glaciaire, qui a permis de retrouver des mammouths presque intacts dans les régions arctiques.

▼ *La végétation d'une forêt tropicale forme cinq couches ou « strates ». Au niveau du sol, les champignons, la mousse et les fougères poussent dans la riche litière de feuilles. Vient ensuite une couche de buissons, de grandes fougères et de lianes. Au-dessus se trouve une couronne de jeunes arbres, puis une voûte épaisse constituée par les arbres adultes. La couche la plus élevée est formée de quelques arbres géants qui se dressent au-dessus de la voûte.*

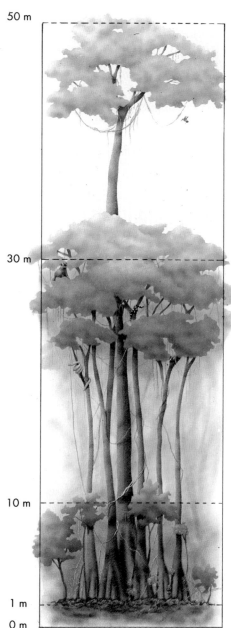

50 m

30 m

10 m

1 m

0 m

LA MANIÈRE DONT LES FOSSILES SE SONT FORMÉS

1 Les restes fossilisés de mollusques disparus, comme l'ammonite, sont assez communs.

2 Lorsqu'une ammonite est morte, elle a été enfouie au fond de la mer.

3 L'animal s'est dissous pour ne laisser qu'un moule de fossile creux.

4 Si le moule a été rempli par des sédiments, un moulage s'est formé.

Fougère

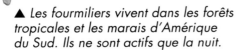

▲ *Le polypode commun (à droite) pousse sur les rochers et sur les murs des régions boisées humides.*
La langue de serpent ou ophioglosse (à gauche) ressemble plus à une feuille qu'à une fougère. Ses spores se développent sur le petit épi qu'elle possède au centre.

▲ *Les fourmiliers vivent dans les forêts tropicales et les marais d'Amérique du Sud. Ils ne sont actifs que la nuit.*

Fougère

Les fougères sont un groupe de végétaux très anciens. Il en existe environ 10 000 espèces différentes aujourd'hui. On les trouve généralement dans les endroits humides et ombragés. Les fougères n'ont ni FLEURS ni GRAINES. Elles produisent des spores à partir desquelles de nouvelles fougères se développent.

Fourmi

Les fourmis sont des insectes qui vivent en colonie, comme une véritable petite société. La plupart construisent des fourmilières formant un réseau de chambres souterraines. Il existe trois types de fourmis : les mâles chargés de la reproduction, les reines qui pondent des œufs et les ouvrières-soldats qui s'occupent de construire les nids, de nourrir les larves et de défendre la colonie.

Fourmilier

Le fourmilier d'Amérique du Sud est un curieux MAMMIFÈRE doté d'un museau allongé. Ce museau est particulièrement adapté pour dénicher des FOURMIS, des TERMITES et des larves dans leur nid. Le fourmilier se sert de ses puissantes pattes avant et de ses énormes griffes pour ouvrir les termitières ou les fourmilières et recueille les insectes avec sa langue gluante.

▼ *Une fourmilière avec les différentes chambres utilisées par les fourmis pour pondre leurs œufs et élever leurs petits.*

ouvrières avec des pucerons

fourmi adulte sortant d'une chrysalide

la reine pond ses œufs

ouvrières avec les larves

fourmi rouge

Fraction

La fraction est une opération mathématique; il s'agit de la division d'un ensemble par le nombre de parts qui le constituent. Si on coupe un gâteau en parts égales, chaque part est une fraction du gâteau. Cette opération s'écrit en chiffres de la manière suivante. Si le gâteau est coupé en deux, chaque part s'écrira alors : $\frac{1}{2}$ (un demi). S'il est coupé en quatre, chaque part s'écrira $\frac{1}{4}$ (un quart). Le nombre au-dessus de la barre de la fraction s'appelle le numérateur; le nombre au-dessous est le dénominateur.

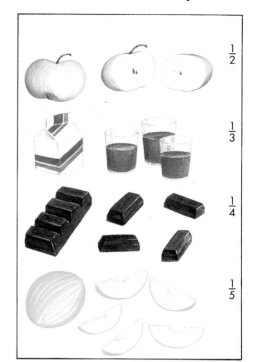

$\frac{1}{2}$

$\frac{1}{3}$

$\frac{1}{4}$

$\frac{1}{5}$

France

La France est le plus grand pays d'Europe occidentale et la cinquième puissance économique mondiale. Son relief varié et son climat tempéré en font un pays très fertile. (Voir pages 212-213.)

François, rois de France

Deux rois ont porté le prénom François. François Ier (1494-1547) régna de 1515 à 1547. Il succéda à son cousin Louis XII. Il poursuivit sa politique guerrière en Italie et remporta la bataille de Marignan (1515). Admirateur de la Renaissance italienne, il fit venir Léonard de Vinci en Touraine où il fit construire des châteaux le long de la Loire. François II (1544-1560), son petit-fils, ne régna qu'un an, entre 1559 et 1560.

Francophonie

La francophonie comprend l'ensemble des pays où l'on parle le français et les francophones sont tous ceux qui le parlent. Le français est la langue maternelle de 110 millions d'individus dans le monde. Mais plus de 200 millions l'utilisent chaque jour. C'est, avec l'anglais, la langue le plus utilisée dans les relations internationales (l'une des langues de travail à l'ONU). Elle est aussi considérée comme la langue de la culture. Des organisations ont été créées pour défendre la langue française.

LES PAYS FRANCOPHONES
(ou partiellement francophones)

Algérie	Liban
Belgique	Luxembourg
Bénin	Madagascar
Burkina Faso	Mali
Burundi	Maroc
Cameroun	Maurice
Canada	Mauritanie
Centrafricaine	Monaco
(République)	Niger
Comores	Rwanda
Congo	Sainte-Lucie
Côte-d'Ivoire	Sénégal
Djibouti	Seychelles
Dominique	Suisse
Égypte	Tchad
France	Togo
Gabon	Tunisie
Guinée	Vanuatu
Haïti	Vietnam
Laos	Zaïre

FRANCE

La France est le plus vaste État d'Europe, à l'exception de l'URSS. Elle a un relief varié et dans l'ensemble assez modéré puisque l'altitude moyenne est de 342 m. La plus grande partie du territoire est formée de plaines, de collines, de plateaux ou de petites montagnes. Largement bordée par l'Atlantique, la France a un climat tempéré. Les moyennes annuelles sont comprises entre 10 et 15 °C. Néanmoins, les écarts de température peuvent être très importants : ainsi, à Lyon, il peut faire —20 °C en hiver et 38 °C en été. En raison de ses dimensions moyennes et de la diversité de son relief, la France ne possède pas de très grand cours d'eau.
La France compte parmi les plus grandes puissances industrielles du monde : elle se situe au 5ᵉ rang pour sa production après les États-Unis, l'URSS, le Japon et la RFA.
L'industrie représente 38 % de son produit intérieur brut (l'ensemble des richesses résultant de l'activité économique), tandis que l'agriculture ne compte que pour 5 %. Avec 57 % du PIB, le secteur tertiaire (activités de bureaux, services…) est le plus important.

Régime : république
Capitale : Paris
Superficie : 549 000 km²
Population : 56 000 000
Langue : français
Monnaie : franc

LA FRANCE EN CHIFFRES

Plus long fleuve : la Loire,
   1 020 km
Plus haut sommet : le Mont Blanc,
   4807 m
Plus haute température : 44 °C,
   à Toulouse, 1923
Plus basse température : —35 °C,
   à Mouthes (Doubs), 1971
Département le plus vaste :
   Guyane, 90 000 km²
Département le plus peuplé : Nord,
   2 520 000
Département le moins peuplé :
   Lozère, 75 000
Les dix plus grandes villes :
   Paris, 2 180 000
   Marseille, 875 000
   Lyon, 415 000
   Toulouse, 350 000
   Nice, 340 000
   Strasbourg, 250 000
   Nantes, 240 000
   Bordeaux, 210 000
   Saint-Étienne, 205 000
   Montpellier, 202 000

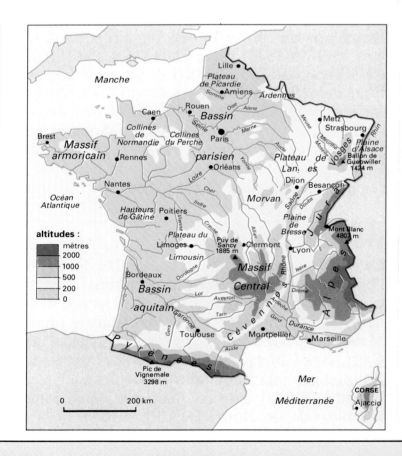

LA Vᵉ RÉPUBLIQUE

La Vᵉ république est le régime
politique de la France depuis
1958. Elle a été mise en place
par le général de Gaulle.
La Constitution de 1958 renforce
les pouvoirs du président de
la République. Jusqu'alors,
le personnage le plus puissant
était le chef du gouvernement.
À la mort de Charles de Gaulle,
Georges Pompidou est élu
président (1969-1974). Valéry
Giscard d'Estaing lui succède
jusqu'en 1981, date à laquelle
François Mitterrand est élu,
puis réélu en 1988.

► *Vue de Lyon.*
La concentration
croissante
de la population
dans les villes est
le fait marquant
de ce siècle :
9 millions de citadins
en 1900, 20 en 1940
et 40 aujourd'hui.

► *Falaise crayeuse*
du pays de Caux.
La France a 2 700 km
de côtes.

▼ *La Loire est le plus long fleuve (1 020 km).*

QUELQUES DATES DE L'HISTOIRE DE FRANCE

52 av. J.-C. Victoire de Jules César sur Vercingétorix à Alésia ;
conquête romaine.

486 Clovis, roi des Francs, conquiert le nord de la France
(bataille de Soissons).

800 Charlemagne est sacré empereur d'Occident.

843 Partage de l'Empire carolingien (traité de Verdun).

987 Sacre d'Hugues Capet.

1223-1226 Louis VIII soumet le Languedoc.

1301 Philippe IV le Bel acquiert une partie de la Lorraine
et le Lyonnais.

1337 Guerre de Cent Ans contre l'Angleterre.

1532 François Iᵉʳ unit la Bretagne à la France.

1685 Louis XIV abroge l'édit de Nantes qui accordait
depuis 1598 la liberté de culte aux protestants.

1789 Prise de la Bastille ; Révolution française.

1804 Sacre de Napoléon Iᵉʳ.

1815 Restauration de la royauté.

1848 Proclamation de la IIᵉ République.

1852 Début du second Empire (Napoléon III).

1870 Défaite de Sedan ; perte de l'Alsace-Lorraine ; début
de la IIIᵉ République.

1914-1918 Première Guerre mondiale : la France, victorieuse,
retrouve l'Alsace et la Lorraine.

1940-1944 Défaite militaire et occupation allemande.

1946 Début de la IVᵉ République.

1958 Début de la Vᵉ République.

1960 La quasi-totalité des colonies françaises
deviennent indépendantes.

Pour plus d'informations, voir les articles : CELTES, FRANCS, GAULE, GAULLE (Charles de), GUERRE MONDIALE (Première, Seconde), ainsi que CHARLES, FRANÇOIS, HENRI, LOUIS, PHILIPPE (rois).

▲ *Les théories de Sigmund Freud firent beaucoup avancer l'étude des maladies d'origine nerveuse.*

Francs

Les Francs étaient un peuple germanique originaire de la Baltique. Ce peuple s'est installé en Europe occidentale au 2ᵉ siècle apr. J.-C. et a conquis tous les territoires situés de part et d'autre du Rhin. À partir du 5ᵉ siècle, la Gaule devint le royaume des Francs. Clovis, qui régna de 481 à 511, fut l'un de leurs chefs les plus célèbres. Il unifia l'ensemble des Francs sous son autorité.

Freud, Sigmund

Sigmund Freud (1856-1939) était un médecin autrichien. Il contribua à la compréhension de l'esprit humain en étudiant les maladies mentales. Il expliqua que l'«inconscient» (les pensées et les événements passés restés présents dans notre cerveau, mais apparemment oubliés) est la clé de l'état mental. Pour découvrir ce que renferme l'inconscient, il inventa la méthode de la psychanalyse.

Friction

La friction est une force qui tend à s'opposer au mouvement. On peut l'observer lorsqu'on frotte deux surfaces l'une contre l'autre. Si les surfaces sont lisses (papier), la friction sera moins importante que si elles sont rugueuses (tampon à récurer). La friction permet donc de ralentir un mouvement, comme avec les freins d'une voiture par exemple. Elle produit aussi de la chaleur. En te frottant vigoureusement la main sur la jambe, tu peux sentir la chaleur dégagée par ce mouvement.

Sans friction, le monde serait un endroit bien étrange. Nous ne pourrions pas marcher car nos chaussures n'adhéreraient pas au sol. Les voitures n'avanceraient pas, quelle que soit la vitesse à laquelle leurs roues tourneraient, et les tournevis ne pourraient pas visser les vis.

EXPÉRIENCE

Observe la force de la friction en faisant glisser des objets de même taille, mais de matières différentes, sur une planche inclinée. Les objets lisses glissent facilement. Les objets rugueux ont besoin d'une inclinaison plus importante pour commencer à glisser. Cette différence tient à la force de friction entre la surface des objets et celle de la planche.

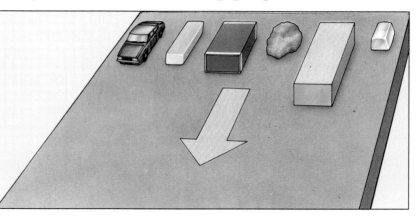

Fromage

Les fromages sont généralement fabriqués à partir de LAIT de vache, mais aussi avec du lait de chèvre ou de brebis. La fabrication comporte trois étapes importantes : la coagulation, l'égouttage et l'affinage. Le lait est d'abord caillé, puis égoutté pour récupérer les morceaux solides qui se sont formés. Ces morceaux sont ensuite pressés et mis dans des moules. Ils sont enfin séchés ou affinés. Il existe des centaines de manières de faire des fromages. Rien qu'en France, il y en aurait près de 400 sortes. On distingue deux grands types : les fromages à pâte molle dont la croûte peut être moisie (camembert, brie...) ou qui peuvent comporter des moisissures internes (roquefort, bleu...) ou lavée (livarot, munster, maroilles) ; les fromages à pâte pressée non cuite (port-salut, saint-paulin...) ; enfin le comté, l'emmental et le gruyère.

En France, le fromage se mange aux repas soit après, soit avant la salade (comme dans certaines régions de l'Ouest). Dans d'autres pays, c'est un aliment que l'on accommode dans les salades composées au début du repas (Europe du Sud). En Angleterre, on le mange après le dessert.

Fruit

Pour la plupart des gens, le mot fruit évoque des aliments plus ou moins juteux qui poussent sur certaines plantes ou sur des arbres, comme les pommes, les oranges ou les poires. Ces fruits sont importants pour notre alimentation car ils procurent des minéraux, des sels, du sucre et des VITAMINES. Ils contiennent de 80 à 90 % d'eau selon les espèces. Quand on les consomme frais, ils nous apportent de la vitamine C, très énergétique. Pour les botanistes, les fruits sont les enveloppes mûres des GRAINES de plantes fleuries. Les fruits protègent les graines.

▼ Chez de nombreuses plantes, les graines font partie du fruit charnu. Ces fruits sont, pour la plupart, comestibles. Lorsque le fruit se développe à partir de la fleur, les sépales et les pétales se fanent et finissent par tomber.

tomate   groseilles blanches   pommes sauvages   mûres

Si tu laisses sortir l'air d'un ballon, il agira comme une fusée simple. Gonfle le ballon. Son enveloppe s'étire parce que tu insuffles une grande quantité d'air dans un petit espace. Une fois fermé l'orifice du ballon (A), l'air se répartit dans tout le volume. Relâche l'orifice (B) et le ballon. L'air sous pression s'échappe et le ballon se dégonfle. En effet, la pression de l'air étant plus forte à l'intérieur du ballon, celui-ci se déplace dans la direction opposée à l'orifice. Toutes les fusées fonctionnent sur ce principe.

▼ *Le fusible (à gauche) est placé dans un tableau spécial appelé tableau de distribution.*
Il contrôle l'intensité du courant.
Un courant trop fort fait fondre le fil en plomb à l'intérieur du fusible (à droite) et coupe le circuit.

Fusée

Les fusées des FEUX D'ARTIFICE et les fusées spatiales, comme celles qui ont emmené les astronautes sur la Lune, fonctionnent à peu près de la même façon. Elles utilisent du CARBURANT pour produire des gaz chauds. Ces gaz s'échappent à l'arrière en créant une «réaction» qui propulse la fusée en avant. À la différence des avions, les fusées n'ont pas besoin d'air dans leur moteur. Elles peuvent donc voyager dans l'espace, où il n'y a pas d'air.

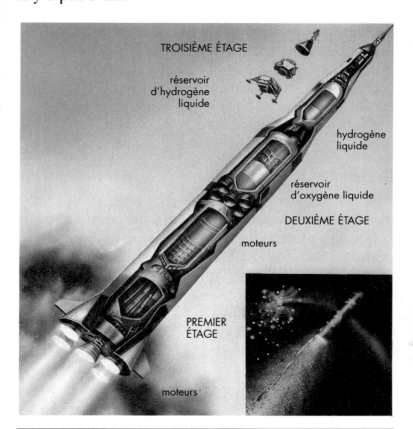

TROISIÈME ÉTAGE

réservoir d'hydrogène liquide

hydrogène liquide

réservoir d'oxygène liquide

DEUXIÈME ÉTAGE

moteurs

PREMIER ÉTAGE

moteurs

Fusible

Le mot fusible a deux significations. Les fusibles les plus courants sont les dispositifs de sécurité d'un circuit électrique. Ils sont faits avec un fil très fin qui s'échauffe et fond si le COURANT est trop fort. Cela coupe alors le circuit et le courant ne peut plus passer. Les autres fusibles sont des dispositifs permettant d'allumer des explosifs. Un fusible de sécurité, par exemple, brûle lentement jusqu'à ce que la flamme atteigne l'explosif.

Achevé d'imprimer le 5-11-1990
par Mohndruck, Gütersloh pour France Loisirs
Dépôt légal novembre 1990.
Numéro d'éditeur : 19435. Imprimé en R.F.A.
ISBN : 2-7242-5151-2

Édition du Club France Loisirs, Paris
avec l'autorisation des Éditions Nathan

Édition française © Édition Nathan, Paris, France, 1990
© Grisewood & Dempsey Limited, Londres, 1989

Cet ouvrage a été adapté et traduit par l'Atelier d'édition européen, Paris
avec la collaboration de Charles Frankel, Sylvie Garrec et Françoise Pellissier.